大脑科学教养法

洪兰 —————— 著

北京联合出版公司
Beijing United Publishing Co.,Ltd.

只 为 优 质 阅 读

好
读
Goodreads

推荐序

蔡 清

华东师范大学

心理与认知科学学院　教授

脑科学与教育创新研究院　副院长

收到为洪兰老师《大脑科学教养法》这本书大陆出版作序的邀请，非常荣幸，毫不犹豫答应下来。起笔时却犹豫起来，作为粉丝的我、作为同行的我、作为合作团队成员的我相互交织，一时不知，从何下笔。

与洪老师的渊源可追溯至十多年前。洪老师是早年就在认知神经科学领域取得丰硕成果的华人研究者。作为语言认知研究领域的同行，我那时对她的科研工作了解不少，对她的科普工作更是慕名已久。第一次见到她是在我回国即将加入华东师大认知神经科学研究所时，意外赶上洪老师所在团队来访。人如其书，洪老师是一位有智慧和远见的学者，也是一个亲切和爱憎分明的人。

洪老师与先生为认知神经科学的发展做出的贡献令人动容。作为这一领域早年的学术带头人，几十年来他们不遗余力培养和提携了两岸众多"年轻"学者，这么多年以来，其中很多人都已不复年轻，正担任着各研究机构的学术带头人，积极推动认知神经科学研究的前沿发展。

更让人惊叹的是，洪老师除了研究工作和人才培养，每年还付出大量的时间、精力开展科普工作，有时做讲座一年多达三百场。她的讲座涵盖与脑科学、发展和教育、阅读有关的多个主题，深入浅出，受众广泛，使得不计其数的不同背景、不同年龄的人得以接触到关于脑科学的第一手知识，影响非凡。这本书原是通过录音梳理形成，洪老师对每个主题娓娓道来，在不长的篇幅中不仅让读者了解儿童成长过程中的普遍规律，也提醒我们每个孩子的独特性，以及他们的成长经历会如何影响到未来。让父母和教育者不仅知道教育要"做什么"，也了解到"不要做什么"。洪老师在书中描述关于小鼠的研究时解释了亲子活动为何重要，也提醒父母"孩子不会按照父母想象的样子长大，而是会按照父母本身的样子长大"。洪老师还讲到

"父母在对孩子的学习表现皱眉时，请记住孩子出社会所要用到的知识可能还未出现，他要从事的工作也可能还不存在，不要因学业成绩去打击孩子的自尊和自信，父母千万不要成为孩子挫败感的来源"。作为读者的我，常常感恩洪老师的科普带来的不只是容易被吸收的知识，还有抚平焦虑的本心。这在"内卷"的今天尤为可贵。

作为研究者的我，还想特别提到一线科研工作者进行中文科普的重要意义。写这篇序的当下，我们正轰轰烈烈展开"中国脑计划"。这样的大型项目对于研究领域意义深远，对科普其实同样重要，好的科普才能让千千万万孩子和家庭真正了解和受益于脑科学研究成果。我身边有一些热心于科普工作的一流研究人员，他们开展科普工作其实是有冲突的，因为对身处前沿的研究者来说，科研时间是最珍贵的，而科普必然会占用一些本来可以用来做研究的时间。这些研究者对其所在领域的通盘和深入的了解，使得他们不仅在对研究成果的描述上更为精准、形象、逻辑清晰，还具有很强的前沿性；如果加上洪老师这样的爱心和幽默，将严肃的科学研究变成一个个接地气的小故事，会更受大众的喜爱。专业人士参与到科普工作中来，我一直觉得这是件功德无量的事情。

科普对教育政策的制定者和一线教育工作者也有重要的参考价值。从脑发育、认知能力、社会性发展到学习障碍、个体差异、环境影响，这些脑科学知识和儿童成长规律无一不对儿童学习和教育教学有重要的指导意义。但这两年在与教育界同人合作的过程中，我深刻意识到学科领域间的鸿沟远远比我预想的更大，教育工作者其实鲜少有机会了解到第一线的脑科学研究成果，脑科学的教育应用还前路漫漫。而科普，也许是成就这种努力最好的途径。

　　感恩有洪老师这样的学者和作者。相信这本书将带给父母们更多的指导，让养育变得更从容，而使得孩子的身心更好地成长。

蔡颖卿

知名亲子教养专家

以爱为经，以识为纬

我认为，父母爱孩子的心既是天性，也会因为环境的影响与刻意的培养而坚定，因此，自古以来，慈幼怀少就是社会教化的重点之一。但满怀爱意的父母却不一定具备正确的观念和教育的方式，所以，反省与学习成了代代父母的责任。洪兰老师在本书中的殷殷叮咛，便是以爱为经，以识为纬，以保护正确经验的稳定、解说新知所带来的教养远见和成长的希望。

在我写过几本书之后，曾有不少人说我是一个"很有天分"的母亲。每次演讲结束，或收到来信得此赞语之后，我都只能微微一笑，并没有机会表达对这种说法的感受，今天借着写老师新书的读后感，谈谈我所了解的父母功课。因为，无论是先天的条件还是后天所需的努力，老师这本书涵盖的就是父母的功课。

我在他人眼中所拥有的天分，其实是老师在书中分为好几章提醒父母要为孩子储备的能力。"有原则地、脚踏实地"地教养孩子说的正是我三十五年前初为人母时父母已教导我的能力。例如：了解责任的定义、培养出对家庭与社会的责任心（第31章），待人处世的同理心（第18章），了解社会化的意义（第24章），锻炼出的生活习惯（第8章），能接受挫折与压力（第34章），在这些基础上我上路当了母亲，平凡踏实，胜任愉快。直到十五年前认识了洪兰老师，我才了解教养更广义的困难和美好。家庭要成为孩子温暖的避风港，父母也需要努力做到与时俱进，不断让自己成长。

在认识老师之后的这十五年中，亲炙的机会相对于阅读老师的文章、译作或听演讲的次数来说，是少的；偶尔一起工作，我从老师担心社会教育的心情与言简意赅的话语中，总会想起杜威在《民主主义与教育》中的一段话：

仅仅身体的生长、熟悉维持生计所需的事项，将不足以绵延群体的生活，还需要有方针的努力和深思远虑的经营。唯有教育能弥补成熟和不成熟之间的鸿沟。

多年来因为经常阅读老师介绍的有关大脑的新知，所以在面对新生代教养问题时自然解决了不少疑惑。比如说，对于记忆力的训练，老师的讲解就非常直接、清楚。她不会让问题在"重不重要"的主张中摆荡，也不会以模棱两可的语言增添父母的忧虑。老师清楚地告知"记忆是学习的根本"，又解释了记忆的本质和增进记忆的各种方法。这样一来，每位愿意看书并认真思考的父母，就不会再停留在这类问题肤浅的层面上进行无谓的争辩，或相信孩子如果"记忆力不好，创造力相对就比较强"的说法；也不会再以"你像妈妈，妈妈就是记忆力不好"的说法作为慈爱的安慰。

反复几次听和读老师新书的内容，我曾想，父母如果能用心把老师的举例解释和以科学实证的章节——看懂、想通，真的就可以运用日常生活中随手可得的机会关心孩子的学习，并进行辅导。我尤其希望所有父母都不错过书中的这句叮咛：记忆不需要补习，父母只要了解大脑是如何处理记忆的，就知道如何去帮助孩子了。今年六十二岁的我，读了这些内容之后，所收获的不只是眼前的教学方法，也开始积极地规划老年自我教育的练习。

在这本书中，老师对父母说："教养孩子，本来就是花时间的。"她要年轻父母在面对孩子的教养问题时不要急，但这不是春风轻拂的安慰，而是不想要大家受社会混乱价值的影响，揠苗助长，忘了一步一个脚印。但老师做事是有全局观、有责任感和极有效率的，所以，她也说："时间不能错用。应该花的时间，是如郭橐驼种树那样：心定力适。不过，也非不及。"所以我在这本书中看到了自己非常喜欢的观念，那是经常想跟家长讨论却不容易阐述的部分：节省。老师则以大脑工作原理为基础，简明清楚地给予各种分析，告诉我们一个事实：资源有限，必须更经济地使用。

几个月前，曾有一位外婆读者打电话给我，她因为从书上得知我的小女儿也是左撇子，所以想知道该不该改小外孙女目前的惯用手。话中提到她身边有许多教育专家，朋友们给了她不同的建议，所以这位爱孙心切的外婆很犹豫。

我从她的倾诉中听出患得患失、"捏怕死、放怕飞"的焦虑：

如果从左手改右手，万一失去艺术气质怎么办？

如果不改，万一将来写字和学习赶不上别人怎么办？

说了许久之后，她不好意思地告诉我说，其实小外孙女很伶俐，有些事可以两手自如地做，所以她想知道，该不该训练她左右开弓。

真庆幸有老师，如果由我来说，只会以自己的经验回答："我可以体会孩子现在还很小，做事左右开弓很能干，也很可爱，但慢慢地要做更难、更复杂的工作，大概就不可能了。"但这样的话一说出口，等于给热情的希望浇上一盆冷水。我主观的经验缺少科学的根据，话就说得不好了。所以这样的问题引用老师书中的分析就短而有用，立解纠结，老师说：

"大脑的资源是有限的，如果右手做事很顺利，那么用右手时动用的大脑资源便少一点，省下的资源就可以去做别的事。左右开弓不但不符合演化的规则，对孩子而言也完全没有必要。"

又有一次，我跟一群家长提到孩子写字越来越不讲究笔顺，想到什么写什么，错了改，改了错，我看了很担心：他们这种写法，除了已经学过的字记不牢，学新的字也不懂得利用轻车熟路的神经回路。但许多家长告诉我说，有些老师觉得笔顺并不重要，跳来跳去地写，还能写出正确的字，就代表孩子格外聪明。于是，我又想起老师书中的话："为什么写字一定要坚持固定的笔顺，因为笔顺是另外一条进入大脑的路。"我所高兴的，不只是这句话增进了我对学习的了解和有效练习的确信，还使我同时想起第20章中的另一种说法：好习惯可以节省大脑资源，使大脑有能力去处理别的事情。贯通了这些想法，会使人尊重、感谢传统方法中深思熟虑的训练，同时愿意积极地吸收新知，改正不好的部分。

十五年了，我看到老师教育诚恳、教学热情和活到老学到老的身教，我完全了解她在第12章中提到的一句话：小时候吃过的东西长大后就会喜欢，这是大自然给孩子的一种保护，父母给的食物可以安心吃，因为那是安全的。

我们如何能不改初衷地当父母，又不负老师期望地"享受"当父母的过程，这大概是每个人要好好读过、听过这36章之后才能有的交流吧！

符合大脑科学的网络时代教养方式

——给零到十二岁孩子的家长

　　每个父母都希望子女将来成龙成凤，却苦于不知道该怎么教才能达到这个目的。尤其在大脑科学成为显学之后，父母都知道大脑发展对孩子未来的重要性，却因自己没有这方面的知识，反而更加不知该怎么教了。因为彷徨，很多父母转而相信坊间补习班的大脑开发、潜能开发等宣传，以为只有尽量给孩子各种声光刺激才能促进大脑发育。其实这是错误的，过多刺激对大脑的发育不但无益，反而有害，盲目地揠苗助长更可怕。鉴于此，我将这些教养议题做成10分钟的课程，从零岁开始，跟随着孩子的成长，点出最重要的教养关键，希望借由这些经实证研究得来的大脑知识，给父母一些正确的教养观念。

这本书一共有36堂课，从一出生的零岁到小学毕业时的十二岁，就各个时期父母会遇到的问题，用实验的方式进行解答。也就是说，我尽量引用实验，请父母依实验的结果，自己去判断这种做法对您的孩子合不合适，毕竟每个孩子不一样，只有父母最知道某个教养法可不可以用在自己孩子的身上。

比如说，零到三岁是大脑发育的黄金时期，我规划了好几堂课告诉父母可以怎样帮助宝宝的大脑发育。研究发现，宝宝出生后的头三个月很重要，要安静地让大脑自己去发育，绝对不能像网上视频中说的，每天替两个月大的婴儿做体操一百次，上下左右摆动他的手脚，把他抱起来全身上下狂拍。宝宝出生后的头三个月，基本上只要让他眼睛睁开就看得见妈妈，永远有个笑脸在对着他说话，他能吃得饱、睡得好，这样就够了。三个月后，他颈部的肌肉逐渐有力，可以抬头了，眼睛搜索的范围变大了，这时可以进一步地做亲子互动，开始培养他的好习惯。

研究发现，生活习惯和情绪的控制几乎从一出生就可以教，因为宝宝掌管学习的镜像神经元和掌管情绪的边缘系统一出生就开始运作，这个时候的婴儿只要醒来，眼睛睁开，他就在学习将来要生活的外在世界，在听他将来要讲的母语。所以有一本科普畅销书叫《摇篮里的科学家》，两位作者都是美国名校的神经发展学家，书中告诉我们绝对不能低估孩子的能力，他们绝对不是一张白纸，生命的演化让他们有很多先备的知识，印刻在他们的基因里面，使他们一出生就像个小科学家，收集外在世界的数据来建构他们心智的基模，不停地测试他们的假设。作者说，小宝宝坐在高椅子上丢东西时，妈妈不要生气，他这是在测试这个东西的属性及他自己的臂力！

婴儿一出生就喜欢看人脸，也会搜索会动、会出声音的刺激源，女婴尤其喜欢跟母亲的眼神接触，他们在情绪方面的反应，如恐惧、焦虑，已经和成人很相似了。有一个实验表明，当滴一滴糖水到宝宝的舌头上时，他左边的额叶皮质会活跃起来，而滴一滴柠檬水到他舌头上时，他右边的额叶皮质会活跃起来，跟我们大人喜欢或不喜欢时大脑活跃的地方是一模一样的。

零到三岁期间，宝宝的大脑神经元在疯狂地联结，他们的突触一秒甚至可以有四万个联结，但是这个时期的重点在"主动"，因为大脑的机制是用进废退，用得到的保留，用不到的删除。因此，宝宝会爬以后，请把家中凡是不要他摸的东西全部移开，让他尽量去探索，他爬的每一步都是大脑的学习，他在探索和感受距离、方位，物体的硬、软、方、圆、扁……他的每个神经元都在大量地联结彼此，大脑其实在不停地生长，也在不停地修剪神经元联结，就像一个好的园丁，他不只要不停地浇水施肥，还要不停地修剪多余的枝条，这个花园才会美丽。

三到六岁的幼儿园时期是另一个阶段，这时宝宝开始体验群体生活，学习人际关系。父母若从小有教他生活上的好习惯，如分享、物归原位、不随便拿别人的东西，这会帮助他顺利地完成他的社会化。社会化是他以后情绪商数（EQ）的基础。

七岁上小学后，孩子生活的重点在学习上了。我规划了好几堂课来说明人类记忆的本质和大脑学习的策略。这个时期的重点仍在"主动"，只有主动学习，神经才会联结，学习才会有效。

伴随着学习而来的是情绪更进一步的发展，除了父母，他还需要朋友，尤其是同学，因为他开始一天中有很长的时间在学校学习，他也可能会在学校碰到一些霸凌事件。这时父母一定要及时处理，因语言暴力所造成的伤害甚至比肉体伤害还大，不要以为没有被打就没有关系，不可以把头埋在沙中，希望问题会自己消失。父母要跟他解释朋友的定义，一个人不可能喜欢所有的人，也不是所有的人都会喜欢他，他要接受这个事实。父母一定要帮助他解决被同伴排斥的问题，因为研究发现，被排斥是孩子恐惧和痛苦的最大来源。绝对不能让孩子觉得自己是孤立无援的。安全感和信心都是来自父母无条件的爱，而自信心更是来自同伴对他长期的肯定。孩子需要发展出长处来给他自信，所以父母不要执着于分数，分数只是评量的一个方式而已，而且不是最好的方式，因为未来许多重要的能力是分数衡量不出来的，品德就是一个。请父母把眼光放长远，找到孩子的长处，只要记得他进入社会是用长处在跟别人竞争，就不会斤斤计较他现在考几分了。

因为现在是网络时代，3C[1]产品随处皆是，父母根本不可能防止，并且网络是有巨大能量的工具，孩子也不可能不用它。因此，这个时期的教养方式跟以前很不一样了，现在的重点不在防止（"你不可以……"），而是在教导孩子正确地使用它（"你可以……"）。我有规划几

---

1 指计算机（Computer）、通信（Communication）和消费类电子产品（Consumer Electronics）的简称。

堂课谈一下自制和自律的重要性，记得当跟孩子说"不"时，要指出一条可以走的路来，他才不会被你逼到去说谎。很多时候孩子会说谎是因为不愿让父母伤心，但又不得不做一些事，所以就只好骗了。

父母不可能跟着孩子一辈子，若没有及早教好他自制和自律，学校功课再好都是空谈。孩子三年级（九岁）以后，父母的管教方式一定要转为"讲道理"，让他了解为什么不可以这样做，这样做的后果是什么；告诉他勇者的定义是克服心中的欲望，用理智去执行大脑知道应该做的事。当我们把应该做的事先做完后，会突然发现可以做自己喜欢做的事的时间变多了。

读者会发现我在书中一直强调品格的重要性，品格决定了人一生的成败，孩子的教育不是始于他七岁上小学时，而是始于他出生后眼睛睁开的那一刻，所以"德"的教养在于父母和家庭。

近年来认知神经科学最大的贡献便是改变了过去"大脑定型了不能改变，神经细胞死了不能再生"的教条。时代不一样，世界对孩子的要求不一样，父母的教养方式当然也要不一样。希望本书能带给父母一些有用的教养知识，能减缓父母的教养焦虑，另一方面让孩子快乐地成长为国家的栋梁。

　　是为序。

洪兰

2022年11月25日

目录

第 01 章

婴儿出生时知道什么

教养孩子永远不会太晚，
因为大脑是可以改变的，
所以你的孩子永远可以学习，
完全不要担心。
管教孩子只有一个原则，
不能让孩子讨价还价。
如果不能坚持这条原则，
再多的规则都没有用。

现在的父母本身就有很大的压力，除了在职场上的压力，还包括对孩子未来发展的压力。父母都希望提早替孩子做准备，让孩子在职场一帆风顺，因此很多父母害怕错过关键期，耽误了孩子的前程。尤其坊间有很多的补习班都会告诉你，你没有在几岁以前帮你的孩子这样做或那样做……就会错过关键期，以后就会来不及，所以现在的父母除了焦虑，还附带有罪恶感。

其实这些焦虑是完全不必要的，因为如果父母处于焦虑状态，孩子肯定也会感受到焦虑，哪怕你没有亲口讲出来"我很焦虑"，但只要行为上、神态上焦虑，你的孩子无形中就已经有焦虑感了。

所以，我想着如何把"认知神经科学"这四十年来一些有关孩子大脑发展和教养的科学证据，讲给年轻的父母听，使父母可以安心享受育儿的乐趣。因为父母的时间很宝贵，所以我在每个章节只用三千字以内的篇幅，让家长在有空的时候轻松阅读，当家长碰到问题的时候，知道该如何面对、如何解决。在这些章节里，比较特殊的是，因为我是做实验的人，所以我在每章里至少讲一个实验例子，把教养原则讲给父母听。细节的部分，大家可以自己融会贯通，因为每个孩子都不一样，父母只要把握了原则，其他细节可以自己调整。

首先想让家长们知道的就是，教养孩子永远不会太晚，因为人类的大脑是可以改变的。我有一章会专门谈"大脑如何因为环境的需求而改变"，所以你的孩子永远可以学习，永远不会太晚，完全不需要担心。其次，我要强调的是，管教只能有一个"原则"，全家人不论是祖父母、父母还是家里的保姆、帮佣，管教孩只能有一个原则。而且不能让孩子讨价还价，父母必须是令出必行，如果孩子养成讨价还价的习惯，再多的规则都没有用了。

家长应该帮助孩子养成"好习惯"，因为好习惯可以节省大脑的资源，也会帮助孩子在人际关系和事业上更容易成功，所以我用科学理论和实验的方式，除去家长在教养上的焦虑，让家长能够因材施教，而不是因为别人怎么说，自己就得怎么做。

除了上面提到的原则，我还要强调一点：父母应该怎么做。其实父母本身就是一面镜子，是孩子的榜样，如果父母可以多了解孩子成长期间大脑和行为之间的关系，那么，孩子在成长的过程里，自然就会过得比较顺利。

婴儿出生的时候究竟知道什么？我们都认为，婴儿只会吃喝拉撒睡，好像什么都不知道，其实，他知道很多东西，关于这点后面会一一说明。

婴儿出生以后，长得最快的就是大脑。婴儿出生的时候，大脑发育只有成人的25%，但是到了一岁时，他的大脑发育就已经达到成人的70%了，到三岁的时候已经达到成人的85%了。所以我们要明白零到三岁，是孩子大脑快速发育的时期，我会告诉家长，这期间孩子发育了些什么样的神经元联结与知识的架构。

婴儿出生以后，他究竟知道哪些东西？我们首先要知道，婴儿并不完全是一张白纸，他拥有一些从人类演化基因上已经具备的本能。所以当你看到十个月大的婴儿坐在椅子上把东西往地上丢时，不要去阻拦，因为他正在学习，他大脑里有天生的模块，每次眼睛看到的东西、耳朵听到的声音，他都会去跟大脑里面先天的模块做一些磨合，不合的时候，他便会改变这些模块去适应外面的世界。所以孩子大脑的发育在零到三岁时特别快，在知识的架构上也是每天学一大堆东西，这就是教育他最重要的时期了。

婴儿出生的时候，视力还没有发育好，他的眼球较小，眼轴较短，因此他看不清楚，只能聚焦在他眼前20厘米到25厘米的东西上，相当于母亲抱起来喂奶时，从母亲的手肘到母亲的脸这个距离；到五个月大时，他的视力增长很多，深度知觉开始出现；到五岁时，他的视力就增长到跟成人差不多了。所以一岁半以前的孩子，看电视的时候会坐得很靠前，你叫他退后些，但你一走开，他就往前坐了，因为他看不清楚，所以自然会往前坐。这是因为他大脑的动眼神经外面还没有包好"髓鞘"，还不能恰当地调整焦距。所以我们要知道孩子的行为都与大脑有关，我们要顺其自然，不能强迫他，因为强迫没有用，他看不见时一定会往前坐。宝宝的视力没有发育完全之前，最好不要给他看3C产品，因为那对他的视力有伤害。

胎儿在七个月大的时候，听觉神经就已经发育完成了。实验者让准妈妈坐在浴缸里，突然按一声喇叭，声音透过羊水传到胎儿耳朵里，胎儿的心跳就会突然加快，表示他有听见。准妈妈做家务的时候喜欢听的音乐，胎儿出生以后也会喜欢，因为他耳朵听得见。有一个很有趣的发现，就是孩子出生以后的哭声跟他母语的重音很相似。比如说法国的婴儿，因为法语的重音通常在后面，所以法国的婴儿哭起来的声音是重音在后面；德语的话，婴儿的哭声重音就会在前面。因为胎儿是泡在羊水里面的，而空气的传音跟水的传音不一样，所以孩子在妈妈肚子里没有办法学英文，不要花冤枉钱去买胎教的东西，用耳机放在肚皮上播放英文录音带给胎儿听是没有用的，因为辅音、p和b这种唇音在羊水里面是听不出差别的。

至于味觉，在胚胎的后期胎儿的味觉就形成了，实验者注入糖水到母亲的羊水里面，胎儿就吞得比较多，因为孩子都喜欢甜的；如果注入的是柠檬水的话，超声波里就会看到胎儿跟我们大人一样，眼睛会眯起来，会喷喷喷似的咂嘴巴。

嗅觉是我们提取记忆最强的一道线索，胎儿在妈妈肚子里也会形成嗅觉，嗅觉跟情绪有直接的关系，是五官里面唯一不用经过中途站、不用经过视丘就直接进入我们情绪中心的。有个实验是在百货公司的女装部喷上玫瑰香水的香味，结果发现销售量增加了60%；在男装部喷洒加了麝香或肉桂的香水，销售量也增加了一倍。人在闻到香味的时候会不由自主地微笑，在纽约地铁拥挤的时段，喷香草或巧克力饼干的味道，推挤、打架等暴力行为就减少了很多。所以孩子在妈妈的肚子里，通过母亲对嗅觉的反应，就可以感受到母亲的情绪。

所谓的胎教，其实是"母亲的心情"，并不是要教孩子什么东西，而是当你心情好的时候，身体就不会产生压力激素，这个压力激素就不会通过胎盘进入羊水中影响到胎儿。所以我们现在知道，胎儿出生的时候并非什么都不知道，他不是一张白纸，他有很多与生俱来的先备知识，我们只要配合他这种本能，顺势给他更多的发展就好了。

第 02 章

大脑奥妙的发育

孩子在妈妈肚子里的时候，
每分钟长 25 万个神经细胞。
因为大脑没有办法支持这么多神经元的发育，
所以这些神经细胞需要被修剪，
而修剪的原则是：
凡是跟别的神经元联结过的会留下来；
没有联结过的，会被修剪掉。
所以孩子小时候的经验是很重要的。

孩子在妈妈肚子里的时候，每分钟长25万个神经细胞，等到出生的时候，他已经有10万亿（10的13次方）个神经细胞，他一辈子是用不了这么多的，所以孩子出生以后，他的神经细胞会适量地被修剪。因为每个神经元都需要营养，大脑没有办法支持这么多神经元的发育，负担不了的时候，这些神经元反而会影响整个大脑的运作。就好像农夫照顾果树，一定要适时地疏果，一根枝上只留一个果，把其他的修剪掉，营养才会完全进到一个果实里，让它长得又大又好。

这就是孩子零到三岁时神经细胞需要修剪的原因。为什么经验这么重要？因为经验会促使神经元联结，联结过的神经元就会留下来，没有联结过的就要被修剪掉，所以孩子小时候的经验是很重要的。

神经系统中起着传导神经冲动作用的是神经纤维，神经纤维外面包了一层"髓鞘"。这个髓鞘是个绝缘体，它使电流在经过的时候不会短路，大脑里怎么会有电流呢？我们眼睛看到的是光波，耳朵听到的是声波，但是这些信息进入我们的大脑以后，就会变成电波。大脑是靠电流传导信息的，神经元和神经元之间有一个很小的结构就叫作"突触"。突触像个把关者，一个神经元的神经信号要传到下一个神经元，就是由突触通过释放神经递质来完成的。这些神经递质很重要，它们就像信号兵，当它们的数量不足时，会产生很多疾病，例如，多巴胺不足时就易患帕金森症或注意缺陷多动障碍（ADHD）、血清素不足会产生抑郁症等病症。假如没有突触这个关卡，那么神经元一旦被启动，电波就会马上通往全身，但是如果设置了关卡，那就可以在关卡的地方调控神经信号的传递。因此突触很重要，它可以决定一个信息要不要传递出去，信息强就可以启动下一个神经元，信息弱，下一个神经元就不会被启动，这条信息就被抑制了。而神经纤维外面包覆的髓鞘主要成分之一为髓磷脂，它是一种形成于神经元外部的脂肪鞘。脂肪其实对大脑很重要，我们的细胞膜需要脂肪，人类的大脑里面大概有20%是胆固醇，而70%的胆固醇是在轴突，也就是在神经纤维外面包覆的髓鞘上面。髓鞘使电流不会短路，胆固醇对我们的学习力、记忆力都非常重要。

过去很多人都认为胆固醇很不好，有些人吃蛋的时候会把蛋黄丢掉，其实胆固醇是很好、很重要的东西，它是身体里必要的脂类物质，我们用胆固醇去制造细胞膜、性激素以及肾上腺素。此外，当我们晒太阳的时候，身体会把这些原料转换化为维生素D，因此，假如缺乏维生素D的话，可能是因为缺少胆固醇。胆固醇是种大分子，它不能通过"血脑屏障"进入大脑。什么叫血脑屏障呢？就是存在于中枢神经系统和血液循环系统之间的一种动态界面，能严格调控血-脑间的物质运输，为神经功能的实现提供了稳定的内环境。胆固醇进入不了大脑，大脑里面的胆固醇就只好靠胶质细胞和少数的神经元来制造。也许你不喜欢吃任何含有胆固醇的食物，但大脑需要它，缺少胆固醇会影响大脑的健康，容易产生神经细胞方面的疾病，比方说亨廷顿舞蹈症，或是帕金森症、阿尔兹海默症等，可见胆固醇对大脑的健康有多么重要。而胆固醇最好的来源就是蛋黄，所以吃蛋时千万不要把蛋黄丢掉。

另外，人体不能够储存蛋白质，一个人一天每千克体重大约需要0.88克的蛋白质，最好是分成早、中、晚三次来吃，人体一次只能处理30克的蛋白质，多余的话会转化成糖然后变成脂肪。这个历程会耗费我们的营养素，耗费营养素则会制造出"氮"的废弃物，还要将其从血液里面排除，这增加了肾脏的负担。所以要把蛋白质摄取的时间分开。

蛋黄里面有胆碱，这个胆碱是建构我们所说的乙酰胆碱的元素，这是身体里面很重要的神经递质，在多种生理活动中起作用。巴西亚马孙丛林中的原住民所使用的吹箭上的毒，就是通过影响乙酰胆碱的正常作用，进而影响呼吸系统平滑肌的活动，使动物不能呼吸，窒息而死，人体也一样，平滑肌控制了我们的呼吸和消化器官，以及心脏的肌肉。

语言和逻辑推理很重要，支撑它们的大脑运行机制都需要乙酰胆碱。胆碱对记忆尤其重要。实验证明，母亲在怀孕的时候适当多摄取乙酰胆碱，则有助于强化孩子以后在注意力广度和空间方面的能力。

怀孕的妇女每天需要425mg的胆碱，一个蛋黄里面有125mg的胆碱，我们人体可以在肝脏内产生一定量的胆碱，但并不能满足自身全部需要，还必须从饮食中摄入一些；胆碱是制造乙酰胆碱最重要的一种成分，我们刚才已经讲过乙酰胆碱对于记忆、语言、逻辑推理很重要。

有一个实验是把25位怀孕第三期的妇女（九个月的孕期可分成三期：一到三个月、四到六个月、七到九个月）分成两组，一组每天吃480mg的胆碱，另外一组吃980mg的胆碱，等到孩子生下来以后，去测量母亲和婴儿体内压力激素的浓度，结果发现吃980mg胆碱的那一组母亲体内的压力激素没有改变，可是她们的婴儿，身体内的压力激素就少了很多。

另外发现，暴力犯罪跟营养摄入有直接的关系。1944年冬天到1945年的春天，历史上称为"饥饿的冬天"，德军封锁了莱茵河，使莱茵河西岸的阿姆斯特丹、鹿特丹等几座大城市的人没有东西吃，他们饿到什么地步呢？有人甚至把郁金香的球根都挖出来充饥，郁金香的球根是有毒的，会影响人体中枢神经系统。有些孕妇饿得连这个都吃了。结果十八年之后（1963年），间接吃过郁金香球根的这些孩子年满十八岁要去当兵了，在做身体检查的时候，发现这批孩子罹患精神疾病的比例高出了很多，尤其是怀孕前六个月遭遇到食物短缺的妇女所生的孩子，他们反社会行为的概率是正常人的两倍。为什么是怀孕初期呢？因为那时期正是孩子大脑成长的阶段，所以我们就了解，营养对孩子大脑的健康是多么重要。

第 03 章

神经元的联结可以改变

我们的大脑会因为每天生活的情境，
改变我们神经元的联结。
因为外界的需求改变人体神经的分配，
所以我们所处的环境会改变我们的大脑。

童年的经验很重要，因为生活经验可以深入到DNA的层面，改变大脑。在这个章节里，我想跟各位父母举几个非常重要的实验例子，让各位知道，我们的大脑的确会因为每天生活的影响而改变内在神经元的联结。

第一个实验是：实验者先找出猴子大脑运动皮质区里控制每根手指头的位置，然后把它无名指和中指的皮肤缝在一起，使控制三、四两根手指的大脑运动皮质区同步活动。过了三个月，拆掉缝线，把猴子送到核磁共振仪里扫描它的大脑，结果发现在它的运动皮质区，第三、第四根指头的边界已经消失了。从大脑的运动皮质区来看，猴子变成只有四根指头，而不是五根了。神经学上有个非常重要的定律叫作"赫伯定律"（Hebb's Rule）：同步发射的神经回路是同一个东西，所以这两根手指头同步发射了三个月，大脑就认为它们是同一个东西，手指所对应的皮质的位置就改变了。

第二个实验更厉害，实验者把猴子的中指截掉，本来手指头在动的时候会发送信息到它的运动皮质区，现在手指头被切掉了，它的运动皮质区就无法接收到任何信息。三个月以后，实验者再扫描猴子的大脑，就发现运动皮质区第三根指头的区域已经被第二跟第四根指头的瓜分掉了。也就是说，若你没有使用，这个运动皮质区马上就被别的区占用了。我们上次讲过大脑资源有限，它是不够用的，当它资源不够的时候，某一区不被使用，别的区就马上拿去用了，大脑是用则进、废则退，使用它时会变大，不用时就变小。

另一个实验是针对德国大学生的，实验者先扫描了被试者大脑的运动皮质区，看他们大脑控制每根指头所占的皮质区位置大小，然后请他们练习同时抛接三个球，像我们在杂技团里看到的那种，要练到一分钟球不落地才可以停止。通常这要练一阵子的，不是很容易就能上手。练习后再次扫描受试者的大脑，结果发现他们的运动皮质区控制手指头的地方变大了，然后请他们回家休息一个月不要摸球，再回来扫描他们的大脑，就发现控制手指头的地方开始变小了，不过还是比以前没练习抛接球时大一点。也就是说，虽然他们都已经成年了，他们的大脑还是会因为运动而变大、不运动而变小，证明了大脑的运动皮质区是一直随着外界的刺激而改变的。

大脑掌管记忆的地方叫"海马体"，它会不会因为我们的使用程度而变大或变小呢？德国医学院的学生，在考试之前学校给他们放了一个月的温书假，于是实验者就设计了三次的扫描：第一次在考试之前；第二次在考试的前一天；第三次在考试后一个月。结果发现温书假的K书[1]使海马体变大了，休息一个月不念书，海马体又变小，虽然变小了，但还是比他没有去准备国考前要大一点，跟猴子手指实验的结果相似。所以我们看到，大脑运作真的会因为外界的需求而改变神经的分配，是用则进、废则退。例如，复健有效是因为大脑可以改变，如果大脑不能改变，医生怎么会建议你去做康复呢？

因为大脑可以改变，万一孩子有一缺陷，比如说，有脑性麻痹或者出生的时候脐带缠绕到脖子导致脑缺氧，父母可在两个月之内抱孩子去做水疗，水有浮力，孩子在水里运动，比较不会痛也比较不吃力。婴儿时期的大脑可塑性强，持续的训练很有效。我们看到过很多成功的例子，甚至有一位还成了运动明星。

在临床上，甚至有孩子半边的脑被切除了，剩下来的另一半重新组织，把失去的功能弥补回来的例子。我在拿到博士学位以后，去加州大学尔湾（Irvine）医学院的神经科做博士后训练。我的导师是神经科主任，很有名的外

1　为备考的读书学习活动。

科医生，他曾经为一个两岁半的女孩做过手术，因其被十轮大卡车辗轧，必须把她的左脑整个切除。在我做博士后训练时，这个女孩已经七八岁，上小学了，他很想知道这孩子大脑运作的情况，尤其是她的语言智力程度，因为语言在左脑，而她没有左脑。在20世纪80年代还没有核磁共振、没有正电子发射断层扫描，我们不太知道大脑内部运作的情形，顶多只能用计算机断层扫描去看大脑组织的坏损程度，我自己也很好奇，于是就带着韦氏智力测验的儿童版，去她的学校找她。

一开始我并没到教室找老师把她叫出来，我是先坐在操场上，想通过观察看出来哪个孩子是只有半个脑的。结果根本看不出来，每个孩子都一样活泼可爱，所以只好请老师帮忙，老师就带了一个很可爱的小女孩过来。我替她做智力测验，发现她的智力测验成绩是100，表示她的语言能力是正常的。所以我回去就问我的导师："你确定你有给她动过脑手术吗？为什么她只有半个脑，智力测验成绩却跟一般人一样？"导师想了想说："你这个测验不全面，如果半个脑就可以，上帝不会给你一个脑。"他还说："你应该去重新设计实验，让她同时做时间和空间的作业，因为她只有半个脑，成绩会下降。"果然，再次实验时，她的表现就明显下降了。

后来我们又遇到一个小男孩，他是四岁半的时候因为癫痫，把右边的脑切除了。右脑是管理空间和计算的，因为我们是先有空间能力后才学计算的，所以小男孩一开始空间能力都没有问题，但是到了小学四年级时，数学难度变大，而他只有半个脑，计算的速度比别人慢，于是老师就说："如果你拿到了医院的证明，学校会出钱去买计算器给你用。"

人的大脑在婴儿期最有可塑性，你可以把半边的脑切除，剩下的半边会重新组织它自己，把失去的那边的功能弥补起来。男孩四岁的时候右边脑被切除了，他的空间能力被左脑拿去使用，他可以把语言和空间都处理得一样好，可是等到他上四年级，需要用到更多的空间能力时，他半个脑的资源就不够用了。

人们常说的"三岁看大，七岁看老"是不对的。人类的大脑是永不停息地在学习、在运作、在改变的，一直到生命的结束。

第 04 章

语言的习得

孩子幼年时听的歌，
长大以后对他会有安抚的作用。
抚摩孩子会让他的大脑产生催产素，
它会帮助你跟孩子形成情绪上的联结。
语言是最重要的沟通工具，
孩子一出生就在学语言了。

父母要多跟婴儿讲话，孩子的大脑在十个月以前是在努力学习分辨他身处环境里母语的语音，他会把凡是跟母语没关系的语音排除，只留跟他母语有关的信息。下面这个实验可以让各位家长知道，多跟孩子说话为什么这么重要。

婴儿每天醒来都会听到很多的声音，但其实是没有人教他这个叫奶瓶、那个叫桌子，那么他是怎么学会这些名词的？原来婴儿的大脑很像我们的计算机，他会把听到的语音都储存起来，然后一边储存一边做分析，我们称为segmentation，就是在做切分。本来听到一堆音是连在一起的，他听了很多次以后，就分辨出如果每次A和B都连在一起出现，那A跟B就是联结在一起的东西，这个东西可能就叫奶瓶，然后那个D跟A出现过，那个叫牛奶，那D可能就是牛，他是用这种方式来学习的。所以与孩子讲话很重要，你需要给他刺激、给他数据，就像我们现在说的大数据，你需要给他很多的大数据，他才能做分析。

有一个实验也非常有意思，日语R和L不分，绝大多数日本成年人不会讲railroad（铁路），可是日本的婴儿可以分辨，日本的婴儿在十个月以前R和L分辨得非常好，可是十个月以后这个能力会慢慢下降，到十八个月的时候就消失了。十八个月的时候婴儿要开始讲第一句话，叫language boom（语言爆炸），婴儿要用到很多的资源，而我们前面讲过，他大脑的资源不够，必须回收已经不用的神经元来帮助说第一个字，既然十个月左右他就已经知道自己母语用到哪些音，那么那些用不到的神经元就可以被回收回来处理说话了。

1984年，我去日本开一个语言学的会，去的时候遇到了台风，所以飞机delay（延迟）了，来接我们的是英语系的教授，我想既然是语言学的教授，他英文应该讲得很好，可是他还是R和L不分。我们飞机降落后他就说："你们错过了欢迎晚宴，大概还没有吃饭，我去买lice cake。"lice是英文的"虱子"，同行的美国人一听吓坏了："不要，不要，我们不饿！"可是我饿呀，我心想：虱子？你要用多少虱子才能做个蛋糕呢？我想了半天，应该是"rice cake"才对，那rice cake是不是寿司呢？我就问他："是不是寿司的那个rice？"他说"yes"，我就说："我要！"那美国人好惊讶，想说你们中国人真是什么都吃呀，因为他们想起来中国餐馆有一道菜叫蚂蚁上树（其实它是肉末炒粉丝）。

那天我觉得很惊讶，英语系的教授、语言学的老师，为什么R和L还是不分呢？后来才知道，人不可能去分辨一个听不出来的音，假如我们听不出来，我们就讲不出来。所以父母一定要让孩子在小时候多听他母语的音，母语的学习是只要把他放在这个环境里面即可，不必刻意去教他，因为孩子最原始的学习就是模仿。他只要听到就会去模仿，他会把听到的音在脑子里转来转去，想着该怎样发音才能够跟耳朵听到的音是一样的。

所以在八个月大的时候，所有的婴儿都会牙牙学语，包括失聪儿童在内，虽然听不见，但他语言的本能使他在八个月大的时候就会自动想要去讲话，但是因为没有回馈，慢慢他就放弃了。学语言一定要在这种语言的环境里，若每天听到的都是这种语言，他很快就会说了，但是学了而没有用，很快也就忘掉了。

比如，曾经有个英国人去印度做生意，他的孩子在印度出生，大约两岁的时候回到英国。孩子在两岁以前可以分辨印度北面那个很难发的喉音。这个音除了印度语言有，其他语言是没有的（印度有非常多的种族，各有他们自己的语言，他们的方言跟我们中国的方言一样种类繁多）。当这个孩子长到二十四岁的时候，牛津大学想知道一个他小时候会分辨的语音，在他不会这种语言的前提下，做这个音跟别的音的对比（contrast）时，他还能不能分辨得出来？结果发现虽然他做得不好，但还是比完全没有听过的人好一点，证明了大脑是凡接触过必留下痕迹。

又如，一岁以前离开中国被加拿大家庭收养的孩子，听到中文四声（妈、麻、马、骂）的时候，他还是在左脑处理，中国人把它当作语音，所以我们在左脑处理四声，而外国人把四声当作物理音，对我们的四声是在右脑处理的。但是你叫他讲，他已经不会了，因为他脑海里还有这个痕迹，他做这个语音对比的时候还是比别人好。四岁半到五岁时，我们管记忆的海马体逐渐成熟了，我们的记忆就从内隐的学习慢慢转到了外显的学习，就是我们用专注力才可以学会，而内隐的学习是不用特别处理的，只要眼睛看就能学会，因为那是一种模仿，这两个机制是不一样的，在大脑中储存的地方也不一样。

一般我们在实验时看到的是，只要在青春期之前，大脑的可塑性还很强的时候，让他学各种语言都没有问题，我们的第二语言是架构在第一语言上面的，我们的母语讲得越好，语言敏感度越强，第二语言学得就越好。也就是说你一定要让孩子有一种语言讲得非常好，后面再去学别的语言就都没有问题了。孩子其实可以学很多种语言，比如说瑞士的法定语言有三种，法语、意大利语和德语。有一位法国爸爸娶了德国太太住在瑞士，所以他的小孩三种语言都会。我们就很好奇，虽然德、法两种语言都是孩子的母语，但有没有差别呢？所以请他的孩子躺在核磁共振仪器里，给他听法语和德语，因为孩子跟妈妈比较亲近，就发现他的德文比他的法文还是好一点，而这两种语言又比他的意大利文好。这个好是指在对这种语言进行加工时大脑的血流量，越精纯的工作需要的血流量（氧和养分）就越少。

美国有一个很有趣的例子，说明大脑在母语的学习上有自动寻找规则和归纳的能力。一个孩子小时候在家里听到父母讲"I went to the park."（我们昨天去了公园），他就学会用go、went、gone。他进了幼儿园以后，发现很多规则性的动词过去式是加ed的，虽然他本来已经会正确地用go、went、gone，但大脑这个自动归纳的能力，使他把对的改成错的说成"I goed to the park."，他本来已经对了，结果反而把它改成错的了。

在孩子语言学习的阶段非常需要大人不断地跟他说话，提供他语音分辨的大数据。在童年，孩子需要的是父母的陪伴，因为模仿这个最基本的学习机制，从孩子一出生就已经在运作了。孩子哭，除了生理的需求和心理的需求，实验发现孩子幼年时候听的歌，长大以后，对他会有安抚的作用。紧张时，听到他小时候的儿歌，尤其是母亲哼的儿歌，他的心跳和血压都会降下来，而抚摩孩子会让他的大脑产生可以促进亲子联结的催产素，使他愉悦。

　　语言是最重要的沟通工具，母亲温柔的声音是孩子成长期最大的情绪支柱。多多和孩子说话吧！不要以为他听不懂而不说，你的每句话都影响着他语言的习得！

第 05 章

孩子语言发展迟缓怎么办

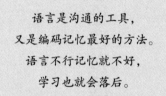

语言是沟通的工具，
又是编码记忆最好的方法。
语言不行记忆就不好，
学习也就会落后。

父母应该怎样帮助幼儿发展他的语言能力？自从联合国经济合作与发展组织（OECD）公布了21世纪必备的十大能力之后，所有父母都很紧张，因为列出来的第一项就是使用母语的能力，第二项是使用外语的能力。语言是沟通的工具，又是登录记忆最好的方法，语言是学习的根本，语言也是登录记忆最重要的密码，没有语言的记忆就保留不久，语言不行记忆就不好，学习也就会落后。本来孩子学语言是个内隐的学习，只要听到这种语言，不需要教就能学会。现在父母担心的主要是孩子的学习发展速度慢，看到别人家的孩子已经会说话了，而自己家的孩子还不会，做父母的会非常着急，有的甚至会以为孩子发育不正常，带孩子去看医生。

　　说话晚有基因上的关系，带孩子去看医生之前，先想想家里有没有人是晚说话的。这种例子很多，王阳明五岁才会说话，爱因斯坦直到三岁才会叫妈妈。说话与大脑里语言中心和运动皮质区的成熟度有关，孩子的舌头要转动得快，声带、嘴巴要能自主控制后才会说话。孩子讲话是从容易发的音慢慢进步到难发的音，比如他不会讲"公公"，只能先讲"东东"，因为"公"用喉音较难发音，"东"比较好发。发音有先天的限制，这一点请父母先不要过度紧张。

如果孩子的IQ（智商）没有问题，又听得懂，只是不会讲话，那么只要尽量跟他说话，或念书给他听，让他在脑海中模仿你的音，耐心等待他大脑成熟即可。

我举一个大鸡慢啼的例子，加州有个女孩叫Jessica（杰西卡），1983年生，她到两岁半都还不会叫妈妈，她的妈妈很紧张，带她来我们实验室做各种测验，结果发现她的IQ完全正常，而且比别的孩子还更精明。怎么知道的呢？我们观察孩子在各种情境中解决问题的能力就知道了，这也就是智力的定义：在新环境中解决问题的能力。

我们去她家观察她平常生活的情形，她母亲请保姆来家里照顾她。每天只要保姆来了，妈妈就出去上班，其实所有的孩子都不希望妈妈离开身边，一离开就哭。一般母亲常会骗孩子说："你看你看！那边有个大蝴蝶！"孩子就会顺着妈妈手指的方向去看蝴蝶在哪里。这个时候妈妈就趁机溜走。其实这是很不好的做法，因为孩子受骗了，下次他就学会了要抓着妈妈不放手。这一招对Jessica无效，她不会上当，她的眼睛只看妈妈，不看蝴蝶，我当时就觉得这孩子很精明，不会是智力有缺陷的孩子。

20世纪80年代还没有手机，也没有无线电话，电话是有线的，这位妈妈平日不要孩子吃甜的，但孩子喜欢吃，Jessica会利用妈妈讲电话的时候自己拿糖吃，她会很注意听妈妈接电话的口气，如果妈妈说"啊！好久不见"表示要聊天了，她立刻就搬高椅子爬上柜子，拿巧克力糖下来，坐在妈妈电话线够不着的地方，慢条斯理地吃，边吃着巧克力糖眼睛还一边盯着妈妈，当妈妈说"好了，不能再聊了"，表示要结束谈话时，她立刻爬下来，抱妈妈的大腿，和妈妈亲热。我们说伸手不打笑脸人，妈妈也只好算了。

这个孩子虽不会说话，但非常精明，IQ绝对没有问题，我们只好劝妈妈每天念半个小时的书给她听，增加语音对她大脑的刺激。这个情形一直到Jessica四岁半上幼儿园。有一天，一个男生抢走她的玩具，她一把推开男孩，说出："Leave me alone!"（走开！）这是完整的一个句子，从那以后她就会讲话了，而且讲得很好，出口成章，几乎要跟王阳明一样。王阳明开口讲话的时候也是整个句子，把他以前听到父母所念的、私塾所教的都说出来了。

Jessica七岁进小学时，一年级的她因为从小听母亲念书，语文能力很好，阅读能力接近三年级的水平，所以上语文课的时候，她就到三年级的班级去上，其他时间则回到原来的班上。孩子的情绪要跟同伴一起发展才会正常，Jessica三年级的时候，她的阅读能力已经到了六年级的水平。后来她母亲又怀孕了，生了一个儿子叫Nathan（内森），想不到Nathan跟他姐姐一样，也是不会讲话，而且更慢，到进了小学才会说话。这位母亲就想着，怎么两个小孩都这么晚才讲话，会不会有基因上的关系呢？2000年左右我们有基因测序了，这位母亲便去抽血检验，结果一切正常。她就叫先生去检验，她先生不肯，逼急了才说："我们家五个男孩都是到念小学以后才会说话。"这位母亲气坏了，问："我当初带着Jessica到处求医的时候你怎么不早说？"他说："有啊！我不是告诉你没有关系吗？"（这里的"没有关系"有两种不同的解释与原因。）所以说大鸡慢啼是有点基因上的关系的，时间到了，水到渠成，小孩自然就会讲话了。

父母要尽量多跟孩子说话，哈佛大学有一个"家庭对孩子语言能力影响"的长期性研究，实验者把录音机放在孩子的家里，把孩子醒来后讲的所有话都录下来，然后拿回实验室，逐字登记，这个实验从孩子三岁一直持续到十六岁。

实验对象包括占67%的白人，占21%的黑人，占5%的墨西哥人，结果发现不管种族、家庭状况如何不同，影响最大的是父母花在孩子身上的时间和在餐桌上所讲的话。父亲在家吃饭的时候，他会谈工作上发生的事、见到的人，所用的词汇比童话绘本多，而且文法也会比较复杂，父母跟孩子一起吃饭，不但可以了解孩子的学习，也可以顺便培养孩子生活上的礼仪。

2003年，美国哥伦比亚大学的一项研究也发现，一个礼拜有三次以上跟父母一起吃饭的孩子，学习成绩比较好。拿A的比例比其他的同学高两倍，不当的行为少了二分之一，和父母一起用餐，孩子会学到较多的词汇，就比较能表达他的意思，在学校的表现也就会比别人好，增加了他的自信心。这个正向反馈使孩子不大可能因缺乏自信而交到不好的朋友。曾有一项活动叫"爸爸回家吃晚饭"，就是希望父母在外面应酬少一点，回家陪孩子的时间多一点。

有大人常常陪在身边的孩子情绪会比较稳定，安全感是孩子在成年之前最重要的一个心理依赖。一个情绪稳定的孩子，容易交到朋友，而有朋友的孩子，比较快乐。快乐的孩子功课好，有朋友帮助的孩子事业比较成功，环环相扣。一个有朋友的孩子也不容易被人家霸凌，如果你想帮助孩子成功，不要在放学后又送他去补习班、托管班，把他带回家跟家人一起吃饭，这是最有效的养育方法。

第 06 章

大脑学习的误区

脑大不等于聪明，
聪明才智决定于神经元联结的密度和方式。
联结的方式是我们的基因决定的，
联结的密度是我们的后天经验决定的，
所以孩子只要出生时是正常的，
好好教育他，他就一定会成才。

我时常看到一些会伤害孩子的错误行为。其中一个例子就是当孩子受挫折、不高兴的时候，让孩子用喊的、用打的或者是砸东西的方式去发泄怒气，这是不对的。

这种发泄方式不但没有使人消气，反而加深了怒气，因为我们的大脑有十二条颅内神经，其中最长的一条叫作"迷走神经"，它连接我们的五脏六腑，负责大脑指令的传送，同时会把五脏六腑的反应传回大脑，是个双向的沟通神经。如果我们用力捶打、摔东西、喊叫，前脑皮质就会不断地接收到肌肉紧张传回来的信息，它就会不断地传送负面情绪到杏仁核，感受情况危险、紧急。就像当敌人快攻进城，人在大声喊叫的时候，眼球会凸出、面孔通红、血脉偾张，杏仁核负面的情绪中心就大大地活跃起来，启动所有紧急措施，准备开打；血压就会上升、心跳加快，努力把血液送到四肢，肺部会用力地呼吸，让更多氧气可以进来；大脑会把食欲和性欲全都停掉，把资源全部送到前脑和肌肉，以备决策和逃命（所以人在紧张的时候肚子不会饿，也不可能有性欲）。

一切负面的情绪反应都会一直不断加强我们负面的认知，这个负面的认知反应又会反过来加强负面的情绪，形成恶性循环。恶性循环的结果就是人越来越生气，下手越来越重，所谓"杀红了眼"就是这个样子。所以在《红楼梦》里贾政打贾宝玉，板子越下越急，下手越来越重，把贾宝玉打到不能动了。

我们知道这个生理原因后，在生气时要提醒自己，不要落入这种恶性循环。同时，用暴力方式去解决愤怒是很不理智的，就像喝酒消愁一样，酒是一种镇静剂，有抑制的作用，所以古人才会说"举杯消愁愁更愁"，酒喝完了而愁仍在，这绝非解决问题之道。

孩子若从小一不如意就大声喊叫，养成了习惯，长大后别人会说这个人没有家教、没有涵养，他就不容易交到朋友。尤其大叫对周边人的耳朵也是伤害，因为耳朵关不掉，连续的噪声也会引起旁边人血压上升、心跳加快，使那个人也烦躁起来。更糟的是对自己声带的伤害，会使得他以后说话声音难听。如果幼儿园的孩子声音就已经变沙哑，对他以后的人际关系和事业发展都会有影响，这会使他给人的第一感觉就是鲁莽、不细致温柔。所以孩子从小就把声带给弄坏了是很可惜的事情。总之，嘶吼、捶打，会使人心跳加快、血压上升，不但没有宣泄情绪，反而使情绪更坏，同时会有引发心脏病的危险，是完全不可取的排解情绪方式。

另一个错误行为是叫孩子用左手写字、用左手做事，理由是人家只会右手，我的孩子两只手都会用，强人一招。这是错误的观念，因为大脑的资源是有限的，如果右手做事很顺利，那么用右手时动用的大脑资源便少一点，省下的资源就可以拿去注意其他重要的信息。但如果要用生疏的左手做事，就需要动用较多的大脑资源，不但事倍功半，还会引起挫折感。就像当一件事情可以一个人做的时候，为什么非要两个人去做呢？这对大脑来讲是非常不经济的，所以左右开弓不但不符合演化的规则，对孩子而言也完全没有必要。

我们可以用自闭症孩子的例子来说明大脑资源的不足，自闭症的孩子通常只专注在某一个长处上，比如电影《雨人》，火柴盒一打翻，他马上知道有一百零八根；有些自闭症的孩子喜欢汽车，看一眼马上知道牌子、出厂年份。但是他们进了小学以后，因为被逼着去学习读书、写字、跟别人交往，他们大脑的资源不能再像以前一样专注在某个方面，他们原先很强的部分就变弱了。曾经有个小女孩，八岁以前画的图画是可以得奖的，进了小学以后，因为她还得去学习其他东西，绘画的能力就变弱了。所以每个人都应该善用大脑资源，我们要让孩子用他最节省资源的方式去做事。

另外，没有右脑开发这回事，我们的两个脑半球是一致对外的，两个脑半球中间有个胼胝体，由脑白质纤维束连接两个脑半球。大脑是电流在传递信息，当信息进入右脑后，除非把连接两个半球的桥梁，即胼胝体剪断，不然不可能阻止电流通到左脑。也就是说，只要是正常的脑，就不可能只启动一边而另一边不动。

社会上曾经流行过所谓的右脑开发，很大程度上是因为日本人不了解罗杰·斯佩里（Roger Sperry）的实验，就想当然地去演绎出这个谬论。其实大脑完全不是日本人想象的那样，尤其斯佩里的病人有癫痫，因为情况严重，发作次数太频繁危及性命，才会动这个手术把中间的桥梁剪断，使电流通不过来，这是为了确保另一边的皮质不因电流使身体发生连带抽搐。从这个"电流通不过来"就知道，使一边脑半球活跃，而另一边不活跃是无稽之谈，是根本不可能的。这也是"知识就是力量"最好的见证，父母若是明了大脑的结构与功能，就绝对不会上这个当，现在已有很多的神经学家指出这是不对的，但仍有补习班还在鼓吹。

还有一种就是叫孩子盖左眼启发右脑、盖右眼启发左脑，这个说法不可行的原因跟前面一样，因为大脑中视神经的走向不是这个样子的，我们不是右眼到左脑，我们是右视野到左脑。右视野是两只眼睛的左边，左视野是两只眼睛的右边，所以盖右眼启发左脑也是没有用的。

上面两种错误行为都源于父母认为孩子聪明就会成功，所以想尽方法来发展孩子的大脑，忘记了成功除了天赋，很大一部分来自后天的努力，甚至后天比先天更重要。锲而不舍是所有成功的基石，曾国藩幼时开窍晚，读书很辛苦，但他持续努力，最后做到封疆大吏。

至于脑大等于聪明，更是不对，一个孩子聪不聪明是由先天和后天交互作用的。我们有一章是专门谈聪明才智的，里面谈到了神经元的联结和神经元的多寡有直接的关系。目前知道的脑最大的人是俄国的作家屠格涅夫，他的脑重是2012克，20世纪最聪明的人是爱因斯坦，他的脑只有1230克重，屠格涅夫比爱因斯坦的脑整整多了782克。

一般人的脑重是1350克左右，爱因斯坦的脑比我们正常人小，他的脑在他过世以后，经过很详细的解剖，发现他的颞叶比一般人大，而且他的胶质细胞比我们多。这个报告出来之后，就打破了脑大等于聪明的错误观念。还有一个更好的例子就是1921年诺贝尔文学奖的得主——法国的阿纳托尔·法朗士（Anatole France），他的脑只有1017克重，几乎只有屠格涅夫的一半，但是屠格涅夫没有拿诺贝尔奖，而他拿到了。所以脑大真的不等于聪明，聪明才智与神经元联结密度和联结方式有关，而联结的方式是基因决定的，密度则是后天的经验累积成的，孩子只要出生时是正常的，好好地教育他，他就一定会成才。

第 07 章

童年经验的重要性

小时候的经验其实是会
影响一个人长大后的情绪的，
比如焦虑、忧郁、紧张。
要婴儿大脑正常地发育其实很简单，
只要爱与陪伴，
给他一个安全、温暖的童年就可以了。

很多家长认为孩子小，不懂事，又没有记忆，常将他24小时托管，只管他吃喝拉撒，却忽略了精神上的需求。现在实验发现孩子其实有记忆，只不过他自己不知道，说不出来。因为这种记忆是内隐性的，有点像潜意识，虽然它存在，但你不知道它的存在。这种记忆会在他大脑中留下痕迹，影响他以后的人生。

我们曾在语言习得那章中提到，大脑是凡经历过必留下痕迹，举的例子是一个一岁前离开中国被加拿大家庭收养的孩子。也就是说童年的记忆是伴随孩子一生的，至于童年经验会影响大脑的发育和功能，是近年来实验的偶然发现。

加拿大的著名神经学家迈克尔·米尼（Michael Meany），在做老鼠实验时发现，电击老鼠时，每只老鼠的反应很不同，有的会因紧张而僵住不动，有的老鼠比较无所谓。他发现紧张型的老鼠血液中的压力激素，即糖皮质激素水平在铃声响、预警电击要来时会急速上升，比不紧张的老鼠高很多。糖皮质激素会影响大脑发育及免疫系统，所以他就想：都是在同一个实验室养大的老鼠，为什么会有这么不同的反应呢？通过仔细观察，他才发现这些不紧张的老鼠有个好的妈妈，小的时候母鼠会常常舔它们、照顾它们；那些很紧张、很焦虑的老鼠，生下来后母鼠不去管它们，没有去舔它们。

迈克尔·米尼发现，原来母鼠舔小鼠的时候，这个舔的动作会使小鼠的大脑产生"催产素"，也叫"激乳素"，这会使老鼠母子产生亲子联结。联结得好，小鼠以后就会个性温和，跟妈妈很亲近，因为它觉得有妈妈在，天塌下来有妈妈顶着，在大脑发育期间，演化就把它的压力激素受体基因先关掉，去正常地发展它的大脑。

我们前面曾说过，压力激素对大脑的发育有害，这个发育的关键期大约是十天。实验发现，电击出生十天之内的小鼠，只要鼠妈妈在，它的压力激素基因就不会展现，因此它并不感到紧张。但如果鼠妈妈不在，一切灾难要自己承担，小鼠的大脑就会马上启动这个基因，赶快制造出压力激素受体，因为它觉得靠山倒了，大事不好了。若是电击出生十天之后的老鼠，则是不管妈妈在不在，它的大脑都一定会产生压力激素。

这个实验可怕的地方在于，当把母鼠拿走以后，小鼠虽然一样会长大，但是这只小鼠长大后就会是一个不好的妈妈，往后它也不会去舔它的小鼠，也不会去照顾它的小鼠，这就变成了祸延三代。

那么，这表示没有母亲的小鼠这一辈子就完了吗？不会，实验者用毛笔轻轻地去刷小鼠的身体的时候，小鼠的大脑同样会产生催产素，也会使这个小鼠产生比较多的压力激素的受体。这个受体是在海马体那里，海马体是我们掌管记忆非常重要的地方。当它的受体比较多，那么紧张的时候，压力激素一出来，只要一点点，这个受体就马上接收到了，然后这个信息马上就传到前脑去，告诉它敌人来了，赶快准备，然后决定要战还是要逃。所以这个受体的多寡对孩子的健康非常重要。这是很重要的一个发现，告诉我们，孩子小时候最需要的是安全感，而不是物质上的享受。

之前曾有一个实验证明，老鼠喜欢黑暗，不喜欢亮光。灯一亮，老鼠会拼命往暗处逃跑。这个实验是在小鼠长大的过程中进行的，放音乐给它听，陪伴它成长。至于播放什么音乐不重要，因为我们并不知道老鼠喜欢什么音乐，所以放的是实验助理喜欢听的音乐，这使助理在喂老鼠时顺便愉悦了自己。等到三个月老鼠长大成熟以后，把它放在实验室中央，用强光去照它，灯光一打开，老鼠就会往暗处逃命。这时，有一个角落播放的是它小时候听过的音乐，另一个角落是没有声音的，老鼠会往那个有音乐的角落里跑，因为它熟悉这个音乐，熟悉音乐带给它假的安全感。生物通常会喜欢熟悉的东西。有人质疑：会不会是音乐的关系而不是熟悉度呢？

针对这个疑问，又做了一次实验：两个角落都播放音乐，但是一边是它小时候听过的音乐，另一边则不是，结果老鼠会往有它听过的音乐的地方跑，这是因为熟悉的音乐带了它安全感。

人在焦虑、受到挫折时，闻到童年时妈妈烤蛋糕或饼干的味道会精神放松、心情愉悦，那是小时候的愉快回忆；很多人闻到香草或巧克力的味道会微笑，因为这勾起了他童年的美好回忆。我们在第一章谈嗅觉时，就说到在纽约地铁放巧克力饼干的味道，就减少了暴力的发生。

因此母亲在怀孕的时候喜欢听的音乐，孩子长大后对这音乐还会有好感。但这不是鼓励大家去做语音的教学，因为孩子在羊水里面其实是听不清楚的，空气的传音跟水的传音不一样，但是韵律和节奏则是可以被接收的。

实验结果证明老鼠是如此，那么人呢？有个实验是以十九岁的大学生为对象。给受试者轻电击，当电击后出来时，他的耳机中播放着他小时候听过的音乐，那么怎么知道他们小时候喜欢听什么音乐呢？实验者推测，他们小时候大概是玩《超级马里奥》（Super Mario）的时代，很多受试者只要听到《超级马里奥》的音乐，他就会开心地笑起来，因为这是来自童年愉快的回忆。本来铃声响了，电击要来时他应该感到紧张，可是因为听到小时候熟悉的音乐，他的肤电反应（出冷汗的现象）就没有这么严重。可见小时候的经验，其实相当程度上会影响到他长大后的焦虑、忧郁、紧张等情绪反应。

要婴儿大脑正常地发育其实很简单，只要爱与陪伴，给他一个安全、温暖的童年就可以了。

第 08 章

养成生活好习惯

孩子能够自己做的事情
尽量让他自己做。
孔子说"爱之，能不劳乎"，
就是因为你爱他，
所以你才要让他去做。
好习惯的养成是终生受用不尽的。

如何让孩子养成良好的生活习惯呢？在大脑发展的研究领域里，有一篇论文谈到孩子一出生就有的两种能力，要把握机会把它们训练好，这两种能力就是习惯和情绪控制。

关于情绪我们前面谈过了，现在我们来谈一下习惯。习惯为什么重要？那是因为我们大脑的资源不够，不可能去注意所有的东西，但是一个自动化的历程是不需要用太多大脑资源的，大脑可以把资源留下来去处理别的事情，这个自动化就是我们所谓的习惯。不知各位家长有没有这样的经验，早上起来急急忙忙要去上班，走在路上想：灯关了没有？煤气关了没有？门锁了没有？其实都做过了，只是你不记得，因为它已经习惯化了，没有用到太多的大脑资源，没有留下深刻记忆痕迹，你就不记得了。

我们的大脑只有1350克，约占体重的2%，但是它却会用掉我们身体约20%的能源，几乎是其重量比例10倍的能源，所以把某些行为变成习惯化，就可以节省出资源，用来处理其他重要的事物。

实验显示，第一次给学生看一张图的时候，他大脑中跟这个图有关的所有神经细胞都活跃起来了，因为第一次看到，不知道这张图是什么，所以所有的神经细胞都必须活跃，一起来帮忙解读这张图。但是第二次看这张图时，大脑活跃的细胞就少了很多，第一次做得好的神经细胞大量活跃，同时送出抑制的指令给别的细胞。大脑会分工合作，就像当人手不够的时候，派最好的人去做他最擅长的事，就可以事半功倍，当每个人都做他最擅长的事时，事情就会做得又快又好。

所以孩子大约六个月会坐了以后，就可以教他一些生活上的规矩。教的方式很重要，教得好，孩子很愿意去做；教得不好时，他会把它当作义务，是不得不做的事，就做得不甘不愿了。比如说，妈妈帮孩子收拾玩具时，故意问："这个小车车是放在这里的吗？"孩子马上会摇头，因为他知道不是。妈妈再问："那是放哪里呢？"孩子就把它抢过来放在另一个位置上，妈妈要很高兴地说："宝宝好厉害，这么小就知道车车放在哪里，来，这一堆玩具宝宝把它放回去，看看宝宝会不会放。"这样子一讲他很高兴，一方面你称赞了他；另一方面，他显现出自己长大了，有这个能力了。几次以后，你会发现孩子很乐意表现，只要你一说"这东西是放在哪里呢？"，他就马上抢过来帮你去做了。

有一次我去朋友家，有个文件要请她盖章，她有个两岁半的宝宝，她跟宝宝说："来，去二楼把妈妈的红皮包拿下来。"我好惊讶，这么小的孩子怎么知道什么叫红皮包呢？她说："老师，你忘记了吗？小孩子第一个学会的就是颜色的分类，第二个学会的是形状的分类，第三个是功能的分类，我虽然皮包很多，但他知道什么是红色。"果然，孩子正确地把红色皮包交给她，她盖了图章以后说："宝宝，帮妈妈再把这个皮包放回原来的地方，你好能干。"孩子就马上又爬上楼去了。她家楼梯很陡，我就问她："孩子这么小，帮你做这件事情，难道不怕他爬楼梯摔下来吗？"她说："你不要低估孩子的能力，他爬上去的时候是正面往上爬的，但是爬下来的时候，他是坐着，屁股一层一层滑下来的，所以他不会摔。"果然，我看到孩子一层一层地滑下来。朋友说用称赞的方式，只要东西有固定的位置，孩子也拿得到，他就会帮你做事了。不要担心孩子爬高，因为他爬得上的地方，基本上是到他腰部，太高的地方是上不去的。只到他腰的高度，就算摔下来也不会很严重，尤其一般有学步孩子的人家，家里多半会铺些地毯作保护。这位朋友真的很有观察力。

有些孩子会有插嘴的坏习惯，常令父母生气，其实他们不是不听，而是他那时候的记忆力还很短暂，他怕忘记，急着把心里的话讲给你听，所以就一直插嘴了。当然也有要引起父母注意的意思，两个大人只顾自己说话，把他晾在一边，他被冷落了便会打断你的话，提醒你，他也想加入。

这时候你可以跟朋友说："对不起，我先听听孩子要讲什么。"先蹲下来听，知道孩子要讲什么后，就跟他说："好，我知道了，等妈妈讲完电话，我就来处理你的事情。"必须让孩子知道大人不是围着他转的，我也有重要的事情，我知道你的需求后，等一下有空了，马上来处理。教孩子学习等待很重要，因为人生不可能事事都如意，很多时候我们必须等待。

有时候，孩子其实没事，他只是说："妈妈，妈妈，我要上厕所。"这时候你只要讲一句"赶快去上！"，就可以打发走他了。你或许很奇怪，上厕所为什么要跟妈妈讲呢？我们发现几乎所有的小朋友都有这个阶段，因为上厕所对他来讲是个大事，为了表达给妈妈"我已经可以自己上厕所了，我一定要让你知道，我可以了"。所以你只要对他赞许，点点头或拍拍他的头，对他比个大拇指就解决了。因此我们不需要像坊间某些教养的书中写的："要建立规矩，你把话讲完才理他。"而是我们先了解他需要什么东西，然后讲完大人的事，我们再来处理他的。也就是你尊重孩子，他也会尊重你，我们发现孩子其实是可以等的，人生就如大仲马在《基督山伯爵》里所说："人生是等待与希望，人生常常需要等待。"古训也是这样说："事缓则圆。"

另外要养成的一个习惯，就是说话的时候眼睛要直视对方。这一点如果没有从小训练其实是不容易做到的，因为我们看到比我们大的人或比我们地位高的人时，会习惯性低头。但如果你从小训练孩子跟人讲话眼睛直视对方，他的态度自然变得大方而且自信。因为眼睛会使对方的气焰下降，他会发现对方并没有像他想象的这么厉害，他就愿意大胆地把心里的话讲出来，而不必逆来顺受。小学生常常会被同学霸凌，如果你训练孩子养成眼睛直视对方这个习惯，很多时候可以避免被霸凌。

从小养成刷牙的好习惯也很重要，因为人到老时，没有一副好牙就不能快乐享受余生，更不要说对他的健康很重要。养成一吃完东西就刷牙的好习惯，终生不会蛀牙。

还有，孩子无论多小，衣服脱下来丢进洗衣篮的时候，请你教他把口袋翻出来，避免有卫生纸、钞票以及一些洗坏了会后悔的东西，这也是足以让他终生受用的好习惯。

最后，训练孩子善用他的手做事。我们说这个人十指尖尖，这个"十指尖尖"可不是一句好话，因为人的手本来就是要做事的。双手要万能，当孩子还小的时候，只要他的手能够握住汤匙，就请你让他自己吃饭。我有时看到五岁的孩子还在被家长喂饭，就觉得太过分了。孩子自己吃，可以训练他的肌肉控制和手眼协调性，即"动感"（Kinesthetic）。让他学习自己吃，掉落满地也没有关系，在地上铺一张塑料布，吃完包起来丢掉就解决了，但是他学到的肌肉控制，那真的是金不换的。所以孩子自己能做的事情尽量让他自己做。如同孔子所说，"爱之，能不劳乎"，就是因为你爱他，所以你才要让他去做。好习惯的养成肯定是终生受用不尽的。

第 09 章

没有惊讶就没有学习

——培养注意力

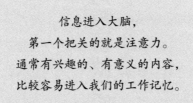

信息进入大脑，
第一个把关的就是注意力。
通常有兴趣的、有意义的内容，
比较容易进入我们的工作记忆。

我们小时候常会被老师或父母骂上课不专心、做事不专注，这个专心或专注力为什么这么难保持？我们发现，小孩子对所有会动的东西都非常在意，这是动物在演化过程中保命的一种本能，因为当一个会动的、快速向你跑过来的东西，极有可能会危害到你的性命。就像处在食物链低端的动物，如兔子，它在吃东西的时候会一边吃，一边竖起耳朵来警戒侦察，有任何风吹草动，它就要准备逃命，所以一心二用对食物链低端的动物来讲是必要的。

人类现在已经进步到文明世界了，但是远古留下来的一些习性仍然存在：比如眼睛常常东张西望，一方面要寻找食物或资源；另一方面要保持警戒。经由眼睛去追随声音来源的能力是婴儿一生下来就有的。婴儿一出生，医生会检查孩子的眼睛有没有毛病，就是把一根手指头竖起来，然后在孩子的面前移过来、移过去，看孩子的眼珠会不会跟着转。这就是动物的本能，我们是动物，也一定会有的，只是现在的社会不再要求我们眼观六路、耳听八方了。

孩子小的时候注意力很短，有一句话叫作"Out of the sight, out of the mind."，就是他眼睛看不到就会忘掉，所以在孩子哭的时候，你可以用别的事情去吸引他的注意力，他就忘记刚刚在哭什么了，这就是因为他注意力一被转移，新的信息就进入了他的大脑。因为大脑还没有发育完成，工作记忆还很短，一去处理新进来的信息，就忘记刚刚在哭什么了。

小学一年级的孩子注意力集中只有10分钟，但是注意力集中的时间可以慢慢培养变长。小学时在学校上课每堂是40分钟，就有学生坐不住，东张西望、动来动去，因此被老师说上课不专注。曾有人说多动儿是生错了时代、生错了地点，如果他们在原始社会中，应该会是个适应得很好的孩子。其实孩子不停地动也有一个原因，我们的视网膜是只有中央凹的部分才有很高的清晰度，其他周边视野是模糊的，所以他的头一定要转，使得物体在中央凹上成像，他才看得清楚，只有看清楚才能学习新的东西。

语言的学习是经由眼睛看到的东西与耳朵听到的声音配对起来，才知道看到的那个物体叫什么，其实孩子可以非常专注地注意新奇的东西，我们要他坐在椅子上不动，这不符合演化的天性，所以孩子的注意力无法集中才会成为问题。幸好注意力集中的时间是可以靠训练来延长的，下面我们来谈谈注意力跟学习的关系，并教家长如何延长孩子对书本的注意力集中时间。

我们平常在生活里面有很多的信息，眼睛看到的、耳朵听到的、风吹到皮肤上后身体感受到的，有很多的信息都急着要挤进我们的大脑。但是大脑的工作空间是很有限的，因此只有被我们所注意的、我们感兴趣的东西才会进入大脑。信息一进入大脑，第一个把关的就是注意力，通常有兴趣的、有意义的，以及熟悉的东西临界点比较低，比较容易经过注意力的关卡，进入我们的工作记忆。所以你想要吸收更多的信息时，就要多看多读，因为熟悉的东西容易进入脑部。

另外，会动的东西会吸引我们的注意力，所以孩子喜欢玩3C产品，因为里面的画面一直不停地跳动。但是书本是静态的，并不会跳动，所以他的注意力就游离了。主播播报新闻时，明明只要一台摄影机对着他拍就可以了，为什么会有三台摄影机？还要导播在后面说一号、二号、三号摄影机，从不同的角度来拍？这就是当摄影机切换的时候，屏幕是跳动的，这时，人的注意力就会被这个吸引过去。假如屏幕切换、忽大忽小（zoom-in）、剪接，一旦画面两分钟内变化超过五次的时候，我们的大脑就会过劳（overwork），我们的眼睛就会累。因为我们注意东西是要消耗大脑的能源的，所以很多人以为看电视是休闲，其实越看越累，最后就睡着了，成了沙发上的"马铃薯"。广告跳动得很厉害，因为广告时间我们多半会起来吃东西、上洗手间，为了要吸引你，广告画面就会维持快速跳动，以吸引你的注意力。

当我们了解注意力的本质以后，对孩子无法专注就不会很生气了，因为这其实是人类演化来的本能。要孩子坐在教室里安静不动地学习，需要慢慢训练他，最好的方式就是把孩子抱到身上，亲子共读一本书，父母的语调抑扬顿挫会吸引他，加上图片色彩缤纷的吸引力，孩子就慢慢习惯在同一个地方坐得久一点，注意力也就慢慢延长了。

另外一个跟注意力有直接关系的就是睡眠，这个实验是先让四组大学生在宿舍睡满8个小时，第二天再请他们到实验室来。做实验时，第一组是晚上不能睡，第二组只睡4个小时，第三组睡6个小时，第四组睡8个小时（就是我们所谓的正常睡眠时间），然后给他们做测验。当屏幕上出现光点时，他们要尽快按键，测他们的反应时间。

结果发现第一组、第二组、第三组都慢下来了，没有正常睡觉的这几组，光点出来了都没有注意到。第一组完全没睡的当然是最糟糕的，他们的反应失误率达到参照组的400%以上，而且一直坏下去；第二组因为只能睡4个小时，所以他们的表现就跟24小时没有睡一样；第三组是睡6个小时，他们的反应也都不好。睡眠不足其实跟醉酒一样，但比醉酒还要危险，醉酒只是慢踩刹车，可是没有睡的话他是根本没有踩刹车，所以打瞌睡比醉酒就更危险了。

有一种睡眠不足的情况，我们叫微睡眠，短暂的睡眠，从几分之一秒到30秒。微睡眠的意思就是大概有1秒到30秒的时间，你是无意识地睡着、没有反应的，但你以为自己一直是醒着的。这是因为当大脑处于疲劳状态时，人体的睡眠调节系统——主要位于下丘脑和脑干——会受到影响，导致睡眠和觉醒周期的失衡。这种失衡会让人不自觉地短暂地进入睡眠。如果在这种情形下开车就会容易出车祸。研究发现，早上7点钟起床，忙了一天到凌晨2点钟开车回家的时候，你对路况的注意力跟酒驾是一样的。如果你早上7点钟起床，前一天晚上睡了不到5个小时，出车祸的概率就增加了3倍；若睡了不到4个小时，出车祸的概率则会增加到11.5倍，可以说非常危险。

澳洲的一个实验，研究者给一组受试者喝酒喝到法律规定的上限，酒精含量达到80mg/100ml的程度，就是还可以开车的程度，另外一组是连续19个小时不准睡。实验结果发现，不准睡的那一组在注意力的测验上就跟醉酒的人一样，由此可见睡眠对注意力的重要性，这也是美国有18个州延后上学时间的原因，目前除了亲子共读的方式，还不知道有什么更好的方法可以培养孩子专注力的延长。

第 10 章

记忆力像置物柜

记忆不需要补，
父母只要了解大脑是如何处理记忆的，
就知道如何去帮助孩子了。
知道了记忆的特质，
我们就可以帮助孩子在学习上事半功倍。

一般家长都很注重孩子的功课，但是要想功课好，孩子的记忆力就得好，因为记忆力就是学习的根本，记忆力不好，老师教的东西记不住，背的课文也记不住，考试自然就考不好。常常有家长来问我：如何增进孩子的记忆力？应不应该送孩子去记忆补习班？我基本上是反对把孩子送补习班的，孩子的天职应该是游戏，目前的教育制度已经使他们休闲的时间很少了，再送去补习班，孩子的休闲时间就更少。其实记忆不需要补习，父母只要了解大脑是如何处理记忆的，就知道如何去帮助孩子了，因此我规划两个章节谈记忆的本质和增进记忆的方法。

记忆很抽象，但是用比喻来解释就容易理解了。柏拉图说记忆像一个鸟笼，你把鸟放在笼子里，当你要去抓的时候抓不到，这时候有三个可能性：第一就是你根本就没有把鸟放进去，也就是在编码（encoding）的时候就没有做好，孩子在学习的时候就没有专心，所以一开始没有放进去，当然考试时就答不出来了。第二个就是鸟有放到笼子里面，但是它在笼子里死了，所以你就抓不到了，这就是储存（storage）的问题。第三个是鸟在笼子里，但是你去抓的时候，它正好飞到别的地方去，所以你没有抓到，但是等一下它会出来，这是提取（retrieval）的失误。所以遗忘有三个原因，如果要记忆力好，需要在这三方面加强。不过三个里面最重要的是编码，没有编码，后面的努力都是空的。

第一个是编码。登录跟注意力有很密切的关系，凡是熟悉的、有意义的和情绪强烈的信息容易通过注意力这个瓶颈进入大脑。如果这个信息是熟悉的、有意义的、是我们关心的，那么这个信息就会进入大脑被处理了。

第二个是储存。储存的问题是短期记忆（又叫工作记忆），和长期记忆的性质不同。短期记忆是暂时性的仓库，容量小，只有7±2个空间，好像一个储藏室只有7个置物柜，若是信息不断涌进，那就需要尽快把信息送入长期记忆中，否则20秒后这个信息就会流失。这就是为什么全世界的电话号码不超过8个数字，因为空间只有7±2那么大。幸好这个空间是可以压缩的，如果一个信息是有意义的或押韵的，就可以把它压缩在一个柜子中，好似我们租的置物柜，塞一个也是用到那个空间，塞很多，只要塞得进也是用那个空间；压缩得好，暂时储存的空间就大一点，一个陌生的信息要从短期记忆进入长期记忆则需要重复（rehearsal）。

信息进入长期记忆之后，需要被巩固，就好像手在石膏盆里面压个印子，印子硬了，手印就固定下来了。长期记忆理论上限是无限大的，短期记忆不是，它是有限的，信息需要不停地送到长期记忆去储存。好像火车进到月台，东西赶快塞到车厢里面去，火车开走，东西就载入了长期记忆，如果你来不及塞进去或车厢里面已经满了装不下了，那么火车一旦开走了，月台上的东西就得清除，好准备下一批的货物进来，那些没赶上火车的东西就流失了。

第三个是提取。提取的时候需要有线索，当这么多信息塞在里面，就好像图书馆里面的书，如果没有编码就不容易找到。或是像物流的大型仓库，他们存放东西都有一套规则，他们按图索骥就知道去哪里找。

知道了记忆的特质，我们就可以帮助孩子在学习上事半功倍。

在实验时有几个帮助记忆的很好的方式，一个叫"实时测验"，另一个叫作"间隔效应"（spacing effect），学习的时候把书拿出来，看完一遍以后放下来，拿一张纸把刚看的东西的大纲写下来，若你写得出来就表示你有读进去，如果你写不出来（就像很多人说的"书本一合上脑子就一片空白"），那表示你刚刚没有好好在读。你在读的时候，眼睛可能在看字，但心里想着别的事，所以知识没有进入你的记忆，那等于是白读。这时你就要重新来一遍，第二次的阅读效果就会好很多，因为你有了警惕，你知道不专心就不会有效。如果你刚刚写得出来，那么现在放下来，先去做别的事，第二天把这个东西拿出来再看一遍，第三天再看一遍，就是我们说间隔，就是间隔开来，这样一遍一遍地看，等到要考试的那天，这个知识因为不停地提取，神经元联结得很牢固，就可以完整地提取出来。就像你每天都用同样的东西，你就知道这东西放在哪里，一拿就拿得到。

这个方法还有一个好处，当你每次看这章节，提取信息的时候，线索可能不同。而当你在不同的场所，有时在家里、有时在学校、有时在图书馆，环境不同提取的线索也不同，那这个线索好比把一个宝贝用一条绳子捆着，你可能捆10次，把它沉到古井里面去；另外一个方式是用10条不同的绳子，把这个宝物各捆一次，沉到古井里面。它们都是捆了10次，只不过前者是一条绳子捆10次，后者是10条绳子各捆一次，对这个宝物来讲都是10次，但是对提取者来讲意义是不一样的。前者是捆了一次只有一条线索，后者则是有10条线索，因此前者绳子一断，哪怕你捆了100次都没有用，它沉下去了，你就拿不出来；而后者就没关系，这条绳子断了我还有9条可以运用。当你提取的线索越多，你的提取就会越好。所以我们在实验时就很清楚地看到间隔效应是学习上最好的一个方式了。

前面说过，熟悉度可以帮助长期记忆，我们对熟悉的东西不必花力气，很快可以记住，那是因为大脑有一个特性，即凡经历过必留下痕迹。

有个实验是请大学生来实验室，给他看500张欧洲的风景明信片，他只要看，不需要做任何回应，看完后给他5美元的酬劳。在1972年，最低工资是一小时2.65美元，5美元算不错的，因为酬劳高，所以今天做的人，明天请他们再来时都会来。第二天是看1000张的欧洲风景明信片，但是要求他们分辨出哪一张是昨天看过的，哪一张是今天新看到的。学生听了都懊恼说："我昨天不知道要记，我没有好好地看，只是坐那边随便看。"其实这个实验的目的就是想知道随便看的时候，能记得多少。结果，测验的平均正确率高达78%，令人不敢相信。因为乱猜的话，正确率是50%，当正确率高达78%时，这表示他们还是可以分辨出来，印证了眼睛只要看过的必会留下痕迹。所以多带孩子去外面见见世面，多读多看多想，对孩子的记忆力会有很大的帮助。

第二章

强化记忆力的不二法宝

多看可增加熟悉度，
多做使神经回路自动化。
多阅读，会增加孩子的背景知识，
提供他储存新知识的压缩方法。
短期记忆空间有限，
但可以压缩信息挤入"置物柜"中，
主要是随时随地
增加他思考的机会。

记忆力很重要，是智慧的根本，也是学习的基石，本章谈记忆力着重在应用上，如何帮助孩子克服记忆方面的困难。

上个章节谈到长期记忆，理论上是无限大，只要存进去了基本上应该都在，那么有时为什么会想不起来呢？认知神经学家说这应该是提取的线索不对。就好像说你用A名字存档，却用B名字去提取，名字不对当然就找不到了。那么神经学家是怎么知道长期记忆的容积很大并且没有流失的呢？

在医院里，在癫痫病人需要动手术把放电的大脑皮层切掉前，一定要先做"大脑地图"这个流程，就是把放电细胞的功能找出来，再决定是否动刀。例如，病人左边颞叶有病变，无缘无故放电，使癫痫发作，影响日常生活，因此医生会建议把放电的大脑皮层切除。但是万一那个地方正好是管语言的，把它切除，病人就不会说话了，怎么办呢？为此，医生在动刀之前，会先去确认病变位置的神经细胞的功能，如果是管语言的，就不能切除，它的原则是两害相较取其轻。

因为我们的大脑本身没有痛觉，所以病人在做"大脑地图"时是清醒的（清醒才能说话），医生把探针插进细胞通上电流，看病人的反应，这时病人自己都不知道的记忆会跑出来。比如说，探针在右脑某个地方时，病人就报告他看到一个影像，看到他的妈妈穿蓝色的衣服在扫地。又如，把探针放在某个地方，他就唱出幼儿园的儿歌时，自己还会惊讶地说："啊！我四十五年没有唱这首歌了……"他甚至还会说出几个幼儿园小朋友的名字。所以我们才知道，信息进入大脑的长期记忆后应该没有流失，只是提取时的线索不对，才拿不出来。因为小时候看世界跟长大后的观点很不一样，就像我们白天找路，晚上再去同一个地方时，有可能找不到路，这是因为白天看到的线索与晚上黑暗时的线索有所不同。就像计算机存盘的案例，如果打的文件名不对，档案就找不到，但是它确确实实存在计算机里并没有丢掉，所以要强化记忆有一种方式就是"强化提取"。

那么什么可以帮助我们提取呢？第一个方式是提取线索的数量，我们之前谈到的绳子绑宝贝垂入古井的例子，绳子越多，越容易提取。第二个方式是提取线索的环境，比如有人说："啊！我们应该是见过面。"但我觉得没有，对方便说："是在某某的家里一起吃过饭呀。"这时，你想起情境便记得了。线索一样时更容易提取，如果在同一个地方学，又在同一个地方考，也会帮助提取记忆。这个实验是在英国做的，在陆地和海底背生字，如果在海底背生字并且就在海底测试，那么它的效果会比在海底背生字但在陆地测试要好，反之亦然，因为熟悉的环境影响了提取线索。

第三个方式则是处理的深度，经过思考以后，得到的答案记得比较牢。思索时，会动用很多跟这个问题有关的神经回路，动用的越多，神经元联结得越紧密，答案越周延，记忆越好，所以孔子说"学而不思则罔"。

第四个方式是增加提取时的感官线索，如增加视听和动感的感官输送，所以现在很多学校都有"视听教室"，学一个新东西时，又听又看，印象就比较深了。还有另一个方法便是动感，像学中文字凭空画笔顺，肌肉也是有记忆的。

有个实验是给学生看字词，要求学生把它画出来，例如给学生看手套、香蕉、蝴蝶、飞机、剪刀……20个词语，每个词语看6秒，请一半的学生把这个词语画出来，另外一半的学生用笔写这个词语，一直写，写到实验要求的时间到为止。虽然两组都是动用到肌肉的动作，但是请他们把这些字回忆出来的时候，画图的那一组就比写字组的回忆好了5倍，这个效应是很强烈的。若是词语很长，比如说有60个字母，或者是很短的20个字母，呈现的速度快的只有4秒，或是长达40秒，40秒你就可以写很多遍或者可以画得很仔细，而4秒的话就是大略画一下，它们的效果都是一样的。最重要的是只要他用心去想，那效果就一定是好的。所以大脑处理的层次越深，效果越好，这跟学生有没有学过画图、他的想象力好不好都没关系，只要他有动过脑筋想该怎么画，他这记忆力就会比较好。

也有一组实验学生是用描的，就像我们学写字的时候先要描红，在描的时候他看到影像，手也在动，可是效果就是不如自己动脑筋去想怎么去写的好，因为描红是被动的，而自己写是主动的。所以记忆力要好，一定要主动、要用心。

人在思考的时候，大脑很多区域血流量都会上升，大量的神经元会活跃起来，就记得了。因此当孩子说我不会的时候，不要马上告诉他答案，叫他先自己想一下或先去查字典，在查字典的时候要把这个字拆开来查部首，当他拆解字体时，对那个字的印象就会比较深刻了。孔子说"爱之，能不劳乎"，有时候孩子动作慢，我们会不耐烦，其实没关系，成长本来就要花时间，教养孩子要有耐心，给他时间让他去仔细想、慢慢地做，不要为了快而替他做完，要抱持着"凡是孩子可以自己做的就不要帮他做"这样的观点，这也是教养孩子的一个重要原则。

前面说过，大脑是凡经历过必留下痕迹的，即使不特别注意去看也会有痕迹。比如我们之前提到的一岁前被加拿大家庭收养中国孩子的实验。一岁以前，这孩子还不会说话，他只是听过中文四声（妈、麻、马、骂）这些语音，没想到就在他脑海里留下了痕迹，而且这个痕迹过了十七年并没有淡去，当实验者给他听中文时，他处理中文四声语音的左脑就活跃起来了。

所以要记忆好，就要多看，以增加熟悉度；多做，使神经回路自动化；多阅读，这会增加孩子的背景知识，提供他储存新知识的压缩方法。短期记忆空间有限，但可以压缩信息挤入"置物柜"中，主要是随时随地增加他思考的机会。比如说，三岁的孩子问你："为什么是这样？"你可以反问孩子："你认为呢？"我们不但使他动脑，还可以顺便知道他思考的方式。

第 12 章

隔壁家孩子比较好吗

——教养方式

其实孩子都有很大的可塑性，
要看我们大人怎么塑造他。
塑造最好的方式就是以身作则，
并且令出必行。

很多父母都会抱怨孩子很难管教，总觉得我跟别人一样带孩子，为什么别人的孩子很乖，我的孩子却不乖呢？本章就跟大家谈一下怎么教养孩子。

管教孩子，尽量不要打。皮球拍得重，弹得高，会得到反弹效果。研究发现，三岁以前每个月被打过一次的孩子，五岁时打人的概率比没被打过的孩子高两倍。三岁以前，孩子做错了事情，你不需要责罚他，只要做给他看就可以了。因为他在那时期主要的学习机制是模仿，你示范，他模仿，下次他就会做对。三岁以后你可以跟孩子讲道理，告诉他为什么要这样做，告诉他，如果不这样做，后果会是什么样。

很多家长会觉得孩子太小不懂事，对他讲道理没有用，其实不要低估孩子的能力。你不必讲大道理，你给他看后果，比如说不可以玩火，若孩子不听时，你可以抓他的手在火上烫一下，他会痛，马上知道不可以玩火。要知道，孩子听不懂就会问，他问就是想知道为什么，这时就尽量表演给他看这个行为的目的，以及不做的后果。

我们比孩子大，有很多人生经验，我们可以预见孩子会有什么反应，事先准备好。比如说，长途旅行的时候，孩子会不耐烦、会哭闹，这时我们可以拿出可以吸引他注意的组装玩具。很多孩子会每5分钟问一次："我们快到了吗？""Are we there yet?"让他有事做，"Occupied his mind."，他被吸引了便不会无聊。带些组装玩具，让孩子动手做，就比看故事书更吸引孩子。

如果做的事会违反孩子平日的习惯，如在飞机上不能像平日一样换睡衣睡觉，那么在出门之前，就要跟他讲好："我知道你很喜欢这件夹克和这条牛仔裤，想在飞机上穿，但是在飞机上没有地方可以换睡衣，所以我们一定要穿宽松的衣服上飞机，这样血液流通，腿才不会肿，不然就会不舒服。等下飞机后就可以换上你最喜欢的衣服了，好吗？"让孩子知道还有机会穿他最喜欢的衣服亮相。

有人可能会问："孩子知道什么叫血液吗？"当然知道，难道孩子没有摔过跤、没有流过血吗？流血的时候我们要告诉他，流血其实没有什么大不了的，血液流出来会冲掉伤口表面的脏东西，冲掉细菌使伤口不会化脓，这样才能早日复原。我们跟孩子这样讲了以后，他就不会因为一流血就大哭，以为他要死了。跟他讲原因，告诉他不要怕。不要为了省事骗孩子，真相通常是唯一的、最好的解释。

很多孩子因为不肯吃饭，吵得家里鸡犬不宁。婴儿罐头的确很难吃而且很贵，如果你能够在孩子小时候，把大人的食物用果汁机搅碎后给孩子吃，这样孩子从小就习惯吃大人的食物，长大就不会挑食，因为口味是从小就养成的。小时候吃过的东西长大后就会喜欢，这是大自然给孩子的一种保护，父母给的食物可以安心吃，因为那是安全的。陌生食物就要一点一点地试，如果先吃一点，没有上吐下泻，可以再多吃一点，一定要确定这种食物是无害的才可以大口地吃。所有动物都是用这种方式保命的，所以父母在孩子小时候尽量给他吃不同的食物，他长大以后就比较不会偏食，吃饭也就不会那么辛苦了。

另外，孩子最不喜欢的就是你一直在跟别人讲话，忽略了他。他看到你的注意力都在别人身上而不在他身上，就会来拉你的衣服、来叫你、一直打断你们的谈话。这时候我们要让孩子知道，大人不能被孩子支配得团团转。但是不要不理他，可以试着先引发他的同理心，你问孩子，当他在做一件事情的时候，如果妈妈一直叫一直叫，他会不会很不舒服？他说会。这时让他理解，当妈妈在做一件事情的时候，如果他一直叫一直叫，妈妈也会很不舒服。你应该告诉孩子："妈妈知道了，等我做完手边这件事马上来处理。"孩子必须知道等待是必要的训练，这个耐性就是要从小养成。

有人会认为，这么小的孩子知道什么叫等待吗？当然知道！曾经有个很有名的棉花糖的实验，就是跟孩子说桌上有糖果，你现在吃的话只能吃1颗，如果你等10分钟以后再吃的话，就可以吃2颗。研究结果发现，孩子其实懂得什么叫等，也可以等的。四岁的时候可以等的孩子，到了小学四年级时，他在各方面的表现都比别人好，这个叫"延宕的满足"。我们要让孩子从小知道，等待的重要性，人生不是什么都如他心意的，很多时候他必须等待一下，如果他没有从小学习等待，以后就会很缺乏耐心，一不如意就哭闹。我们只要讲道理给孩子听，让他了解每件事情的后果是什么，孩子自然就会做出他要的选择了。

很多孩子要不到想要的东西时就会哭闹，但是一旦他发现哭闹无用时，就不会浪费力气去吵。所以管教孩子，一开始的时候，做父母的要坚持原则，不要随便妥协，孩子就会听话。因为天下的孩子都很精，他若发现大人可以讨价还价，那么他一定要赖，大哭大闹一直到父母受不了妥协为止。所以你若觉得自己的孩子不听话，追根究底，肯定是父母不够坚持原则，让孩子觉得大人讲这个话只是说说而已，不一定会真执行。他们会等大人大声喝止的时候，才会停止，因为那时候他知道父母是玩真的。如果你不想每天大声呵斥的话，就让他从小知道大人讲的话就是真的，没有讨价还价的余地，这样孩子只要听一次就会去做了。

很多父母很烦恼晚上送孩子上床睡觉，因为总是拉锯战。可以尝试在睡觉时间快到时，跟孩子说已经9点了，我们该去睡觉了，给他10分钟去做心理准备，大概8分钟之后再通知一次"还有2分钟哟！"，这时候再督促他一定要停下来，把玩具收好，准备去刷牙、换睡衣，养成有序的习惯就容易照着做，不要突然之间就说："时间到了，上床去睡觉，不然我要揍你！"这样子孩子一定会大哭大闹。

孩子其实有很强的可塑性，单看我们大人怎么塑造他；塑造孩子最好的方式就是以身作则，并且令出必行。历史上商鞅变法之所以会成功，就是因为他说到做到，他在东门放一根柱子，说若有人搬到西门去就给他一千金，天下哪有这么简单的事，但是有人做了并拿到钱，别人马上就知道商鞅是玩真的。令出必行的时候，不管你讲什么，别人都会去照着做。卢梭的话也是对的，每个孩子都很聪明，他们都会察言观色，都会懂得找漏洞钻，做对自己最有利的事情，但我们只要一开始把规范讲清楚，树立好的规矩，让孩子知道在范围内他有自由，在范围外他必须守纪律，那么这孩子就教养成功了。教养孩子真的并不难，只要从小做到这一点，以后就容易了。

第 13 章

两岁孩子狗都嫌吗

——有苦说不出

孩子小时候的经验，
的确会影响他长大后的行为。
在心灵上一定要有安全感，
使他能够在情绪上稳定地长大。

谈到婴儿的情绪，很多人说："两岁的孩子狗也嫌。"其实这是因为两岁的孩子语言表达能力还不强，不知道如何把情绪用语言表达出来。"哑巴吃黄连，有苦说不出"。明明孩子不要，可是大人不知道，一直塞给他吃，他忍着忍着，累积到最后他就爆发，该大发脾气了。

两岁的孩子，很多事情要自己做，并不想要你替他做。通过实验可看到六个月大的婴儿的前脑就开始工作了，到一岁的时候，他就有自己的主见。比如说，你给他两个玩具，在一岁以前，他会两只手都伸出去抓，两个都要，可是一岁以后，只伸一只手，抓他想要的。这时候如果你把他要的拿走，给孩子他不要的，他就会用哭来抗议。所以我们先要了解，其实不是孩子不听，也不是不乖，而是他的个性开始发展出来了，开始固执，坚持要这个东西。带他出去，他鞋子一定要这样穿，袜子一定要那样穿，或者他要先穿一只脚的袜子、鞋子，再穿另外一只脚的袜子、鞋子，如果你不顺他的意他就大闹，这种情形该怎么办？

情绪是个很重要的认知能力。孩子一出生他的杏仁核就已经在工作，如果你对他微笑，他也会对你微笑；如果你板个凶凶的面孔，他就会马上哭起来。实验发现，两个月大的婴儿，他面孔的反应在右边的视觉皮层，跟我们大人一样。所以不要以为孩子小不懂事，你要把他当作大人一样去跟他讲话，用微笑的面孔与他沟通，因为孩子正在发展他的情绪。

刚出生的婴儿，他的语言和非语言系统还没有分化出来，是纠结在一起的。非语言就像脸上的表情，我们在生气的时候眼睛会睁大，会咬牙切齿，一看到这种表情，孩子会马上哭起来，甚至不需要骂，你只要讲话的声音低沉下去，他就会害怕。孩子不晓得怎么处理他的情绪，因此他身体所感受到的紧张感觉，立即会回馈到他的大脑，使他出现心跳加快、瞳孔放大、手心出冷汗等反应，这些身体上的反应会让他哭起来。因为他不知道为什么会有这个反应，但是这个感觉不好，他就开始哭了。

我们成年人紧张的时候是叫不出声音来的。我们会吓到不能出声，因为血液大部分被集中到心脏和四肢，去准备逃命，可是孩子不一样。孩子害怕的时候总是大声哭，因为他还不知道什么叫恐惧，不知道刀枪有什么厉害。孩子大哭时，不要先骂他，因为骂是没有用的，他听不懂，要先了解他为什么哭，通常是受到惊吓，所以这个时候要紧紧抱住他（紧抱会给孩子安全感），拍拍他、安抚他。

如果这样还不行，第二个方式是转移孩子的注意力，用别的刺激去取代引起哭的刺激，婴儿的记忆力很短，这种方法通常会奏效。再不行的话，可以给他一颗糖，六个月以前，婴儿的食道和气管是不同的开口，所以婴儿可以一边吸奶、一边呼吸，六个月以后就不能了。我们大人喝一瓶12盎司（约350毫升）的可乐时，喝完一定会吐一口气出来，因为喝的时候气管是关住的。孩子要吞下甜水的时候，会厌软骨会把食道打开，把气管关起来，甜水才会进到他的胃里面去，这时候他就会停止哭泣。如果你家里有养宠物的话，带他去看宠物，摸一下小狗、看一下猫咪睡觉，他只要脱离了当时的那个情境，通常就会停止哭闹了。

有些父母担心孩子小时候很难带、爱发脾气，或者很害羞、很内向，长大以后会人际关系不好。其实，孩子的个性是可以改变的。20世纪60年代的一些实验是给婴儿听很大的声音，有些婴儿会害怕得哭起来，有些婴儿则会转头去看是什么东西发出这么大的声音，反应很不同。等孩子长到小学四年级时，再把他们找回来看看对大声音的反应，结果发现并没有什么改变，所以当时认为孩子的脾气、个性是不会变的。但是后来重新再做实验，找了368

名三岁幼儿，观察这些孩子看到机器人罗比（Robbie）走进房间时的反应，发现有的赶快躲到妈妈怀里去，有的跑去摸摸它，有的不动，在观看这个机器人要做什么。实验者同时测量孩子的脑波，再从脑波的数据中挑出70个脑波最显著的孩子来长期追踪。等他们到七岁和九岁的时候再带回实验室来，新的情况是：有三间房间，第一个情境是房间里有个陌生人在看书，有的小朋友进入后大方地走到陌生人身边说："你在看什么书啊？"有的小朋友见到陌生人后就想出去找妈妈，剩下的大部分孩子则是待在房间里，看一看这个陌生人要做什么。第二个情境是房间里有个戴狼面具的人，问小朋友："你要不要试试看？"有的小朋友说："给我戴，我要试试看！"有的小朋友看到狼面具就说："我不要！"要找妈妈。第三个情境是房间里面有条两米的狭窄隧道，虽然两头可以看到光，但还是会让人有压迫感，隧道上面挂着一个大猩猩的面具，房间的角落还有一根平衡杆。实验结果显示，有的孩子不敢跟陌生人互动，有的不敢去摸狼面具，有的不敢钻隧道。

最后通过实验统计发现有三分之一的孩子小时候很害怕，七岁和九岁时也害怕；有三分之二的孩子就改变了，那是因为后来的生活经验改变了他们的大脑。其中一个孩子在三岁时一紧张就哭，可是他九岁再来做实验时，变得很大方。原来他有个大三岁的姐姐，每次姐姐都会带着他出去玩，父母也常常带他出去，让他晓得陌生人并不可怕，所以这个孩子后来就变得大方了。另外一个孩子在三岁时看到机器人就跑近说："我要带Robbie回家！"非常活泼大方，不感觉害羞，但九岁再回来时，完全变得畏缩、不敢跟人接触，原来他六岁的时候父亲过世，母亲再嫁，继父对他非常不好，常常打他，所以这个孩子就学会了察言观色。他过去那些大胆的行为完全不见了，因为被打怕了。过去一个很开朗的孩子，因为环境的改变，变成一个畏缩、胆小的孩子，这就是环境改变造成孩子个性的改变。

加拿大的神经学家迈克尔·米尼说："环境的改变是可以深入到DNA的层次的，生活的经验可以决定基因的展现与否，所以孩子的安全感要被满足，不然他的情绪是波动的；安全感被满足的孩子，他的情绪是稳定的。"情绪波动大的孩子很难带，动不动就哭；情绪稳定的孩子，他会用眼睛看着你，只要你在他旁边，他就不会害怕。

另一个很重要的实验，是心理学一百年来最重要的实验：1956年，威斯康辛（Wisconsin）大学的哈利·哈洛

（Harry Harlow）教授，他把刚出生的小猴子与它的母亲隔离，给它一个绒布的妈妈和一个铁丝网的妈妈。这个绒布的妈妈温暖，可是身上没有奶瓶；铁丝网的妈妈冰冷，但是身上有一个奶瓶。实验发现，小猴子所有的时间都躲在绒布妈妈的身上，只有肚子饿的时候，它会越过绒布妈妈去吃奶，但它的脚还是钩着绒布妈妈。表现出孩子没有安全感时，他不太敢离开大人，万一有什么风吹草动，他可以马上缩回到安全的地方去。这个实验最重要的地方是这个猴子长大以后没有办法正常地交配，实验者用人工受孕的方式让它怀孕，小猴子出生后，它却把亲生孩子虐待死，这个实验让我们看到了受虐儿长大会变成施虐者。这个实验不可以用人来做，因为这不人道。可是我们知道孩子小时候的经历，的确会影响他长大后的行为，所以对父母来讲，绝对不是给他什么物质上的享受，而是让他在心灵上一定要有安全感，这种满足感，才能使他在情绪上稳定地成长。

第 14 章

生辰八字

——坊间的误解

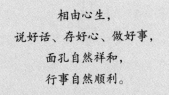

相由心生，
说好话、存好心、做好事，
面孔自然祥和，
行事自然顺利。

中国人讲究生辰八字，认为每个孩子的出生都是天注定的。但随着医学的进步，科学家已经可以预知孩子什么时候会出生了。

我们知道胎儿是不会呼吸的，在妈妈肚子里是用脐带换血，把干净的血通过脐带送进子宫来，因此必须等到胎儿肺部发育完成，能够自己呼吸的时候，才能安全出生。我们在实验时发现，当胎儿的肺部发育完成，可以呼吸时，肺部的纤毛就会送出一种酵素，传递给母亲的子宫，让母亲知道：我可以呼吸了，可以让我出来了。这时候母亲的子宫就立刻收缩，让孩子出生。大自然是个非常节俭的家庭主妇，凡是你自己可以做的，就不会让母亲去替你做。大自然也会帮胎儿做准备，如孔子说的，"不教而杀谓之虐"，七个月大的胎儿，用超声波观察到他在做梦的时候，手会放到嘴里去吮吸，就是吸吐、吸吐，在练习呼吸，我们就知道这个呼吸的重要性，大自然让胎儿七个月时就开始为两个月后的出生做准备了。

研究也发现，自然生产比剖宫产好，婴儿在出生的时候，要经过产道，这是个压力。这时候胎儿的身体会分泌儿茶酚胺，儿茶酚胺把身体其他器官先"关"起来，把血液送到脑跟心脏，所以胎儿虽然经过产道好像缺氧，但是血液中带氧，孩子的大脑就不会缺氧，经过产道的时候他被挤压，就会把肺里的羊水都吐出来，肺是干净的，一出生接触到空气后就可以自己呼吸。孩子出生后验血时，显现出来体内儿茶酚胺的浓度是4个小时以后回到基线的200倍。也就是说，这个东西很重要，所以大自然给他200倍的保护力。如果肺还没有发育完成，因为时辰的关系把胎儿取出来就糟糕了，缺氧超过5分钟，大脑的神经细胞就开始死亡，8分钟脸就变紫没有救了，所以不要迷信去找最适合孩子的时辰，合乎自然才是最好的。

此外，自然生产的母亲身体恢复得比较快，可以早点下床，可以自己照顾孩子。自己哺乳对孩子最好，因为母乳中有很多营养素是奶粉中没有的，至少母乳给宝宝的免疫力是六个月，喝奶粉只有三个月。

许多父母都很喜欢给孩子算命，因为人对于未知有恐惧，都希望知道孩子的未来会怎么样。这个恐惧只要是人都有，外国也有很多的预言家，1949年心理学上有一个很有名的实验应该可以破解这个误解。这个实验是，老师把学生叫到讲台前面来，给他一个信封，跟他说："这信封里面是我算的你的命，你拿回去，不要被别人看到。"信封上写着孩子的名字，还写了"confidential"（机密的）。学生拿回去以后打开一看，老师好厉害，果然算得很对，在1到5个量表上，学生给老师算命准确度的打分是4.5，大家都觉得老师算得很准。老师说："好，现在把你的单子跟你后面的人交换。"交换过来一看，每个人都是一样的，原来老师用的是模棱两可的句子，可以适用在每个人身上，是大家自己去对号入座了。这个实验叫"巴南效应"，这位巴南先生是个马戏班班主，他讲过一句很有名的话："每分钟都有个傻瓜诞生。"因为他觉得人是很容易被骗的。

其实我们来看一下这位老师给学生写的人格特质就知道了，他写的第一项："你很需要别人喜欢你、羡慕你和尊敬你。"事实上哪个人不需要？所以学生一看就马上点头，是，我真的很需要别人喜欢我、羡慕我、尊敬我。第二项："你常常对自己要求很严。"的确是这样子，我们常常觉得自己不够好，就算觉得自己很好，你的父母也觉得你不够好。第三项："你有很大的潜能，你还没有开发出来。"我们也真的这么想，常怀疑我究竟有没有把我的能力发挥出来呢？我是否还可以更上一层楼呢？几乎每个人都会这样想的。第四项："你虽然有一些人格上的缺点，但是你可以去弥补它。"想想看，假如不是这样子的话，那我们的人生就没有希望了，所以我们就觉得这讲得很对，就是在讲我。第五项："你的性生活困扰着你。"很多人都有感情上的问题，交不到异性朋友，交的异性朋友不满意，满意的又交不到，每个人都觉得别人的伴侣比较好。第六项："你外表上看起来很守纪律，很能够自我控制，但是其实你的内心非常担忧，而且是没有安全感的。"这一点每个人都是如此。第七项："你对别人坦白是一件不聪明的事。"因为秘密只要说出来就不再是秘密，不管别人再怎么保证都没用，在学校里就会发现，你悄悄对闺密说自己喜欢哪个男生，等你去上个厕所回来，全班拍手叫那个男生的名字，你就知道你被闺密出卖了。第八项："有的时候你很外向、善于社交、和蔼可亲，有的时候你很内向、谨慎、保守。"各位想一想，每个人都是这个样子的，你觉得这正是在描写自己，就会觉得这个老师预测得非常准，其实这些都是模棱两可的句子，可以用到任何人身上。

所以不要轻易相信算命的，因为人很容易被别人影响，算命这个东西说得好还好，不好的话心里会有疙瘩。"造命者天，立命者我"，命运掌控在自己手上。算命的说这孩子内向，他应去做办公室里的事情，或者说这孩子外向，他应该去做公关。但是，我们已经讲过个性会改变，后天环境会深入到他的基因里。

人很奇怪，很容易受到别人言语的影响，闲话会杀人就是这个意思。有个实验是叫学生不要去想白熊，结果每个人都在想白熊，越说不要想的话，越在心里翻转。所以算命的问题在于，算得好，固然高兴，就怕孩子认为自己天生就是聪明的、能念书的、做大官的、发大财的，就不去努力，坐在家中等好事掉下来，这反而会害了孩子；万一算到不好的，那就更糟了，有算命的说这个孩子克父母，结果只好把他舍入空门，放到寺院长大，少了天伦之乐。五代十国时的桓温，一出生就被说克父，幸好母亲没有把他丢掉，而是拜托一位尼姑收养他。也有民间习俗说属虎的克夫，结果虎年生的孩子就特别少，还有说断掌不好等，这些都是无稽之谈，父母不要相信。

相由心生，说好话、存好心、做好事，面孔自然祥和，行事自然顺利。"金光党"[1]骗人就是利用人的贪念，若是没有贪婪之心，不是我的我不要，他就骗不了你了，所以命在自己手上。"造命者天，立命者我"是千古不变

---

[1] 原意是利用假黄金或假钞引诱被害人上当的骗子群体，后作为对各类诈骗团体的俗称。

的名言。

　　柳宗元在《种树郭橐驼传》里说，树种下去之后，不要一直把它挖起来看长根了没有，你只要好好地照顾它，"其本欲舒"，根让它展开来；"其培欲平"，土把它弄平；"其土欲故"，总是要带点旧土；"其筑欲密"，把它塞得紧紧的不会摇晃，这样树就自然长得好好的了。带孩子就跟种树一样（所以孩子不要一直换保姆）。郭橐驼树种得好，因为他了解根已经对旧的土熟悉了，根舒展开来了可以吸收土的营养，把土弄平了、塞紧了，树不摇晃，有安全感，你只要提供给它好的环境，生命自己会找出路。孩子也是一样的，生下来以后我们好好地教他，不必一直去测试他学会了什么，当他的好奇心得到满足，他的智商自然会增加，他的行为当然会变好。

第 15 章

零到三岁的教养总结

孩子一岁时就已经有同理心了，
要趁这个时候好好地教，
因为有同理心的孩子会交到知心的好朋友，
在人生路上会有贵人提拔他，
凡事会逢凶化吉。
对孩子来说，
同理心带来的好处是一辈子受用不尽的。

零到三个月的孩子，他的大脑基本上是基因在主控，需要赶快发展，所以这个时候婴儿睡眠的时间很多，不需要什么外界的刺激。父母要做的是让孩子安静地成长，不要给他太多的刺激，外界刺激太多反而不好。只要把婴儿床放在母亲的房间，使他眼睛一睁开就能看到妈妈，这会给他充分的安全感，他哭的时候把他抱起来安抚。哭表示他有需求，你把他抱起来的时候会看到他的眼睛睁大、听到他的哭声变小，因为他已经感受到安全感了。两个月的婴儿就会辨识面孔了，妈妈把他抱起来，声音温柔地说："宝宝你为什么又哭了呢？"好好地跟他讲话，不要大声地骂，虽说他听不懂，但你的声音变低，连动物都会知道。所以骂的声音只会使孩子哭声更大，虽然他听不懂你讲什么，可是声音大会使他心生恐惧。把出生4天的婴儿放在核磁共振仪器里面，耳朵旁边放他父母吵架的声音，婴儿虽然还听不懂，可是父母吵架的语音很急促、声音很高亢，听起来不舒服，这时候孩子就会恐惧，大脑的恐惧中心就活跃起来。

　　四到六个月的时候，婴儿已经会抬头了，他的世界已经变大了，醒来的时间也变多了，父母可以尽量跟他讲话，给他学习母语的材料。出去的时候把他带在身边，抱着他、背着他，带着他到处走，他眼睛看到的就是将来要生活的环境，耳朵听到的是将来要讲的母语，要给他足够的刺激。

七到九个月的时候，宝宝开始会坐了，他的手已经有力气抓东西，这时候要给他不同的东西抓，不必担心这个东西太重，他在抓的时候就是在学习，这东西看起来很大可是很轻，这东西看起来很小可是很重，这就是在学习。这时你会发现宝宝已经有逻辑推理的能力了，他也会有数字的感觉，数字的感觉就是一堆东西在这里，如果是巧克力糖，他会去抓比较大的那一堆，排成什么样子都没有关系。他已经有大小、多寡的感觉了，也有纪律的直觉。

这些实验，使我们知道当孩子九个月大会坐在高椅上吃饭时，他会把汤匙往地上丢，你不要生气，他在丢的时候其实是在做实验，这东西丢下去，"啪"的一声破掉了，你很生气，可是他很高兴，因为他知道这东西以后是不可以丢的，如果他丢塑料汤匙跟铁汤匙，你会发现一次以后他用的力道就不一样了。有一本书叫《摇篮里的科学家》，里面有非常多的实验，让父母知道任何时候，孩子接触每样东西都在学习。他大脑里面有一些天生的物理规则，知道东西丢出去就会往下掉，不会往上飞，重的东西声音会大，塑料的东西没有声音，因为他在摸的时候学到的就是质感，你会看到他去选餐具的时候，会去抓那个摸起来比较舒服、比较实在的瓷器，而不会去抓塑料的东西。

十到十二个月的时候，孩子已经会爬了，他的神经元开始大量地联结。这时候你要把不让他碰的东西全部移开，方便他尽量去探索，因为只有主动的探索才会形成神经的联结。一个神经元可以跟其他神经元有1000个到1万个以上的联结，这个联结会提高他以后创造的能力。你让他去爬，把不要的东西拿开时，他的探索给他的是一个正向的回馈，你要鼓励他而不是去责骂他。我们会看到一岁的孩子在扶着墙壁走路时，我们拍手叫他走过来，这个时候哪怕他摔下去也没有关系，因为他很矮、离地很近，不会摔得重，尤其是婴儿身上都有很多肉，还包着尿片，摔倒地一般是没有关系的。但是如果你要牵着他或者是你怕他摔跤，那么这个婴儿就很难学会走路，因为他会对你产生依赖。

曾经有个实验测试同卵双胞胎，如果提早去扶弟弟走路，会不会比哥哥更早会走路？实验者每天扶着双胞胎弟弟走路5分钟，两个月以后发现这孩子果然比他的哥哥更早会走路，但是等他哥哥会走了以后，两个人走得一样好。早产儿的眼睛比足月的孩子更早接触到外面的刺激，但是早产儿的视觉敏锐度并没有比足月的孩子来得好。也就是说，如果你的孩子还没有准备好，多给他刺激对他是没有帮助的。我们看到孩子不站起来走是因为他的膝盖软骨还没有发育完成，他站起来的时候体重会压在软骨上，他感觉痛所以不肯走。但是如果你把他放在水里面，水有浮力他就愿意走了。太早去做还没有准备好的事情是没有必要的。

孩子到了一岁左右，他的同理心就开始发展出来了。其实六个月大的婴儿的前脑就开始活跃起来了，这时就可以开始教他同理心了。

人性本善，这个实验是请大学生到实验室，给他闻氨气的味道。氨气很臭，所以闻的时候他大脑的厌恶中心会活跃起来。然后请他躺在核磁共振仪里给他看扑克牌，请他大声把这张扑克牌念出来，比如梅花3、黑桃5，你要求他看到红心A时要念"黑桃10"，也就是叫他说谎。可是这个说谎对他的人格是没有什么影响的，但是就这么一点点的谎话，他大脑的厌恶中心就活跃起来了，跟之前人闻氨气时大脑的反应活动相似。人是不喜欢说谎的，人性本善。所以八个月大的婴儿如果看到不公平的事情，他会见义勇为；或者看到别人受欺负，他会不喜欢、不舒服。

另一个实验是给几个八个月大的婴儿看一小段卡通短片：一个三角形推着一个圆形往上爬，因为是上坡，所以推得很辛苦，当好不容易推到山坡顶上的时候，突然出现一个正方形，这个正方形一脚就把圆形踢下去了。于是这个三角形又很辛苦地把圆形推到山顶，这时候正方形又出来把它踢下去，看了三次以后，实验者就让孩子去玩各种几何图形，结果发现所有小朋友都不玩正方形，他们什么几何图形都玩，就是不玩正方形，因为他们觉得正方形不好。那么是不是正方形的形状不好看，他们不喜欢呢？不是，因为如果换正方形推圆形上山，然后三角形把圆形踢下来，这个时候小朋友就不要三角形，而去玩正方形了，可见孩子喜欢的对象与其形状无关，而是会随着欺负与被欺负的状态发生转换，并且八九个月大的婴儿就有同理心了。

同理心就是我打你你会痛，你打我我也会痛，不要打孩子，也教育孩子不要去打人家；我吃东西很高兴，我分东西给别人吃，别人也很高兴。同理心就是我们说的"人溺己溺""己所不欲，勿施于人"，是做人最根本的道理。它其实很容易教，就是亚里士多德讲的，做好的时候赶快鼓励他、抱他起来、亲他，让他知道这是个值得鼓励的事情。孩子不乖的时候你不必打，你只要皱着眉头、声音变低，他就晓得这件事情让你不高兴了。

同理心在孩子小的时候就可以看到。曾经有位美国教授告诉我，有一次她一不小心车门关得太快，手被车子夹到，因为很痛，她大声地叫了起来。她的孩子那时候才十四个月，看到妈妈这样痛，就赶快把他抱在身上的泰迪熊塞给他妈妈，把自己嘴里的奶嘴掏出来塞到妈妈嘴里。也就是说，我痛的时候我需要吸奶嘴，我要抱我的泰迪熊，现在妈妈痛了，我也赶快把这个分给妈妈。孩子一岁的时候就已经有同理心了，应该趁这个时候好好地教，因为有同理心的孩子会交到知心的好朋友，在人生路上会有贵人提拔他，凡事会逢凶化吉，对孩子来说，这些好处是一辈子受用不尽的。

第16章

梦是夜间的戏院

——睡眠的重要

我们的记忆是在睡眠时被巩固的，
巩固使记忆痕迹稳固不流失。

睡眠跟我们的记忆、学习和情绪是很有关系的。我们每天都花8个小时左右在睡觉，从演化上来讲，这必然有它的重要性。因为人睡着了，野兽或敌人来了，可能会送命的。莎士比亚《哈姆雷特》中的老国王就是在花园中睡着了，被他弟弟往耳朵里灌毒药致死的。过去我们不知道睡眠的重要性。当时做睡眠实验的时候，第28天老鼠没有死，但是其实第32天老鼠死了，死的时候皮毛都脱落、溃烂，它们是死于免疫力的缺乏，这时我们才知道不睡觉会伤害到免疫力。美国也有一位中学老师因大脑病变，无法睡觉，最后也是因缺乏免疫力而死。其实我们都有这个经验：出去旅游时，起早贪黑地玩，如果睡眠不足，回家就感冒了，因为空气里有很多细菌，一旦免疫力变弱，人就容易生病了。

我们过去都以为睡觉是大脑在休息，现在有了核磁共振，可以看到大脑在睡觉时的情形，就发现大脑各部位活跃的地方比清醒的时候还更多，原来睡眠的时候是身体在休息，大脑在工作，工作得比平常时候还更辛苦，因为睡眠的时候，大脑在分泌重要的神经递质：血清素、去甲肾上腺素、生长激素。血清素跟记忆、情绪有关，去甲肾上腺素跟注意力有关，这两者都直接跟学习和记忆有关。生长激素对于婴儿来说，如果今天睡得比较多，48小时以后就会长高一点；但对于不能再长高的大人来说，生长激素跟身体的修补有关，尤其是血管的损伤，感冒生病时若能好好睡一觉，病情就会减轻很多。

我们的睡眠分成两种：一种叫作快速眼动（rapid eye movement，简称REM）睡眠，这是做梦时候的睡眠情形；另一种就是非快速眼动（Non-REM，简称NREM）睡眠，这是没有做梦时候的睡觉情形，这两种的脑波形态是不一样的。

我们清醒时候的脑波是β波。β波是14到30Hz，Hz就是每1秒钟的周期数。这个β波是我们上课、工作时的脑波，它使我们专心、警觉和焦虑。

α波是8到14Hz，是我们在昏昏欲睡、似醒非醒、放松、发呆做白日梦时候的脑波，等到快要进入睡眠状态的时候就进入theta波，然后进入delta波。delta波就是慢波了，睡一阵子后会进入快速眼动期去做梦了，这叫一个周期。成人大约90分钟一个周期，婴儿60分钟一个周期。我们做梦的时候，眼球快速地转动，脑波也转为β波（这两项就是做梦的指标）。一般人一个晚上大约做4到5次梦，以90分钟为一个周期，大约睡7个半小时会醒来，通常是在浅梦后自然醒。你一定有做梦只是自己不知道，因为我们通常不记得所做的梦，以免跟真实混淆。

非快速眼动睡眠时是在反思白天发生的事情，而做梦时则是把白天的这些信息和大脑中旧的信息组合起来。一个在反思，一个在综合，这两种睡眠时的功能是不同的。

人在清醒的时候会不停地接收外界给我们的信息，大部分时候是来不及消化的，等到睡眠时，大脑就把这些新接收的信息拿出来整理强化，把重要的信息从海马体送到用于长期储存的顶叶，一个我们叫作联结区的地方去存起来。实验中我们看到晚上睡眠时，大脑海马体的地方有100到200毫秒的电流回路，不停地往返于海马体和大脑皮层储存长期记忆的地方，若干扰这个运送，记忆就会受损。

有个实验是先给受试者看一百张面孔和名字的配对，然后一组受试者晚上让他们正常睡觉，不吵他们；另一组在睡眠时，阻止这个电流的运送。第二天早上再让受试者背一百个面孔和名字的配对，这时发现被干扰组的效果就不好，因为海马体中的信息没有被送出去存放，它的空间被前一天学到的东西占满了，没有办法再储存新的信息，所以睡眠对记忆很重要。

我们的记忆是在睡眠时被巩固，巩固是使记忆痕迹稳固不流失。

实验发现，20分钟的午睡就能增加20%到40%的记忆，所以孩子累的时候让他去睡一下，起来后读书的效果会好。累的时候不要硬撑，不然书没有读进去，觉也没有睡着，反而是事倍功半、两头都落空。

如果白天刺激很多，晚上大脑皮层就会大量活跃，一个学会新作业的老鼠，它的大脑皮层晚上在睡眠时会大大地活跃。这只老鼠的学习经过晚上的整理后，第二天再学习时，效果就比较好。

你可能会想：白天有16个小时，发生了这么多事情，晚上只有8个小时，大脑怎么来得及处理它呢？原来晚上睡眠的时候，大脑像个录像机般在快速地往前转带子，速度比平常快20倍，所以来得及。

睡眠不足会影响突触的蛋白质制造，蛋白质不足，记忆就不好，睡眠不足甚至影响海马体中DNA和跟学习有关的基因，所以睡眠跟学习有直接的关系。

做梦的时候是大脑在做组织和整理，调整大脑中的模式，把白天学的东西跟过去的经验比对，若不符合就调整模式，调整为更符合外界的真实现象。因为信息经过了整合常会出现洞悉或顿悟（insight），德国的化学家苦思"苯"的化学结构而不得，晚上梦到一条蛇在咬它的尾巴，就想到是环形结构，所以睡眠跟我们的创造力有直接的关系。

美国卡内基梅隆大学的研究者把电机系的学生找来，给他们看一个需要解决的难题，学生看了半天不会，老师说："好，没关系，你们去上课，晚上10点钟再来。"第二组学生是晚上10点钟来，给他们看同样的问题，也是做不出来，老师说："没关系，回家去睡觉，明天早上再来。"第一组和第二组都是中间隔了12个小时，只是第一组是早上10点钟到晚上10点钟，而第二组是晚上10点钟到第二天的早上10点钟。结果经过了一夜睡眠的第二组学生，早上再来看到这个题目说："老师，我知道解决的方式了。"他们解决问题的能力比第一组提升了22%。

做梦的时候，我们的肌肉是放松的，不然会把梦中的行为做出来，打人、吵架（说梦话）等，这是危险的。很多人有这种经验：做梦时梦到踩楼梯，一脚踩空，把自己吓醒了，实验发现一脚踩空跟眼球跳动和肌肉放松是同步的，表示大脑急着要去做梦，但肌肉还未放松，大脑便下个指令"放松"，你就不知道为什么跑到楼梯上，一脚踩空了。所以有人说做梦就是给大脑提供一个安全的演练环境，像一个夜间的戏院，让大脑把白天的信息和过去储存的东西联结起来演出来一样，随便怎么打架都没关系，因为你的肌肉已经放松了，不会受伤的。

第 17 章

睡眠和记忆的关系

睡眠很重要，

可以强化我们的记忆。

实验也发现，

若是干扰做梦，

学习就没有效果。

因为神经元之间没有形成突触的联结，

所以睡觉跟学习有直接的关系。

睡眠和记忆有何关系？我们知道记忆可分为短期记忆和长期记忆，短期记忆的容量是有限的，7±2这么大。一般来说，年轻人是9，老年人是5，普通人是7，保留的时间也很短，只有20秒的时间。但人类的长期记忆容量就很大，只要存进去了就不会丢掉。怎么知道短期记忆空间是有限的呢？给他看6个数字，比如说783445，然后请他从99倒着数，每次减2，就是99、97、95、93、91……过了20秒，再问他：刚刚看的数字是什么？如果还能够讲得出来783445，说明他的短期记忆就很好。

　　大脑的资源很充足，但大部分的人会忘记，因为工作记忆的空间是有限的，他在做减法的时候，大脑的资源要调来思考做数学，资源不够维持短期记忆中的数字，很快就忘记了。这个方法也可用听的来测试，如给他听783445，结果会是一样的。

　　为什么全世界的电话号码基本上都不超过8个数字？当人口更多、电话号码数字需要更多的时候，就改区域号码。比如说，台北的是02，新竹是03，高雄是07，每个城市都可以有一个电话号码。23244944，这是8个数字，但02的23244944和03的23244944就是不同的人家了，这就是在减少你的记忆负担。你只要记23244944，不必去记台北还是台中，记忆负担就减轻了很多。这就是为何电话号码不宜超过8个数字，超过以后你就不容易记得了。

在没有手机的时代，我们用公用电话时，常常有这样的经验，你打电话问104查号台："请问台湾大学的电话号码是多少？"总机小姐告诉你了以后，如果当时手上没有纸和笔写下来，你可以把它记在脑海里，然后丢进钱币，就可以拨出电话号码。但是当你正要拨号码的时候，外面有人敲你的玻璃门问："对不起，小姐，跟你换钱！"你没有理他，但是刚刚查询的数字却消失了，因为"对不起，小姐，跟你换钱"是9个音，瞬间就把你刚刚短期记忆里的那8个音挤出去了。

所以短期记忆就是一个暂时储存的机制，好像信息可以同时放在大脑里面做个比较、比对，等一下再拿出来用。所以工作记忆跟以前所谓的短期记忆是非常相似的，只不过工作记忆不只是包含暂时的储存机制，还包括主动处理，用来思考和推理，以前的短期记忆就只有储存，现在把它变成工作记忆，它的范围大一点，还可以用来思考和储存。

睡眠很重要，充足的睡眠可以强化我们的记忆力。这个实验的做法是，请大学生前一天晚上一组睡觉、一组不睡，第二天来实验室学习生字并记录脑电流活动，然后回家正常睡眠两天之后，再来实验室测试他们记忆生字的情况。实验结果发现没睡觉组的成绩比睡觉组差了40%。另一个实验是测没睡觉组的海马体晚上工作的情形，结果发现几乎没有活跃，好似没睡觉把海马体的输入管道关掉了。

所以开夜车没有效，大脑记不住，其实只要干扰NREM（非快速眼动）睡眠，学习就没有效果，因为神经元间没有形成突触联结。你会发现大考之前开夜车，早上起来马上去考场，把你背的写出来，你可以考到及格，但是老师说："今天不考，下礼拜再考。"你要重新念，因为你没有睡觉的时候，记忆只能储存在你的短期记忆里面，你没有办法进入长期记忆的时候，就要重新再念了。睡觉跟学习有直接的关系。前面说过，睡眠时，神经回路会有100到200毫秒的电流回路一直来回跑，把知识输送到长期记忆里面去，海马体是个小仓库，如果睡眠的时候把信息移到长期的仓库里去，把这个空间释放出来，白天就可以储存更多新的知识。

另一个实验是请学生中午到实验室，学100个名字和面孔的配对，这个面孔的人叫强尼（Johnny），那个面孔的人叫爱丽丝（Alice），学会了以后，一组在实验室里面睡午觉90分钟，另外一组则不准睡，在实验室里面上网，晚上6点钟再请他们回来学习100组新的名字和面孔配对。

一下子要记这么多新的名字和面孔，他们的短期记忆就塞满了，结果发现有睡觉的那一组比没有睡觉的那一组记忆效果要好20%。也就是说，他在睡午觉的90分钟里面，把原来那个仓库里的东西移到了长期记忆里面去，所以他的空间就空出来了，等到晚上6点钟叫他再来学一组新的面孔和名字配对的时候，他就有空间来置放，所以他的记忆力就比较好，但是没有睡觉的那一组仓库已经是塞满的，再也塞不进去了，记忆力就不行了。

我们在分析睡眠的脑电流资料时，发现在非快速眼动睡眠的时候有很多的纺锤波[1]出来，而纺锤波越多，学习的效果越好。实验看到：当天快要亮的时候，两个梦之间纺锤波产生最多，所以天快亮时，睡得最熟，最不容易被叫醒。也看到老人家的记忆力不好的原因是老人家纺锤波比年轻人少了40%，老人家睡眠时间较短，睡眠质量不好，

1　睡眠纺锤波，很可能是由丘脑中的纺锤体发生器引起，具有纺锤形的节律波，波幅逐渐增大然后减小，并有慢波（9～12Hz）和快波（12～15Hz）成分。其发生在非快速眼动睡眠期间，与巩固长期记忆有关。

所以纺锤波的出现很重要。

2006年德国还做了一项实验，实验者请大学生在睡觉以前背一连串的生字，受试者在进入深度NREM（非快速眼动）睡眠的时候，通过经颅磁刺激技术增加他们的慢波和纺锤波的数量，大学生第二天早上起床时，回忆的信息量就比控制组要多了两倍，所以睡眠跟学习与记忆有很重要的关联。

第 18 章

孩子看得见别人的需求吗

——培养同理心

与"同理心"相悖的词是"偏见",
　偏见是个很严重的社会问题。
　我们在教孩子同理心的时候,
　切记不要把偏见也带给孩子。

如何培养孩子的同理心。很多家长可能怀疑：这么小的孩子知道什么叫同理心吗？其实是知道的。

所谓同理心是能够看到别人的需求，感受到别人的痛。别人哭了，递上面巾纸，因为我哭时会需要面巾纸，别人难过，我也跟着难过。我们常在看到别人的手被针扎到时，不由自主地缩回自己的手，这种感同身受就叫同理心。这是天生的，育婴房的婴儿只要有一个哭了，别的孩子也会跟着哭，他也许不知道别的孩子为什么哭，但他因为感受到别人的不快，他也跟着不舒服起来。

有一个朋友在电话中与她妈妈抱怨她的老板好讨厌，好像"pain in the butt"，这句话是美国俚语，意思是如芒在背。butt是屁股、臀部的意思，结果她两岁的女儿一听，马上跑去厕所，把治疗湿疹的药膏拿来替她涂，因为孩子太小，还听不懂俚语，只听到妈妈说她屁股痛，就赶快去拿药膏，因为她包尿布太久会长湿疹，屁股会痛，但涂药膏后就不痛了，所以她急忙去拿湿疹药膏。在这里，我们看到小小的孩子就已经有同理心了。

同理心可以安定我们的神经，有个仪器叫"近红外线光谱仪"（NIRS），它跟核磁共振仪很像，只是不像做核磁共振必须躺着不动，而是可以戴着帽子走动。利用这个仪器，实验者发现母子感情融洽时，两人的脑信号是同步的。老人家常说医生看病要有医生缘，这不见得是医术关系，有时碰到投缘的医生，病就容易好。当你跟医生说，医生我这里痛，医生也感受到你的痛的时候，两个人同步发射的脑波是心灵的沟通，病人就会觉得医生很在乎我，心里的感觉很温暖，他的病也就会比较快好起来。

在医疗上有一个叫作安慰剂效应，如果你认为这个药是特效药，是有效的，你的病就会好得比较快。早期没有盘尼西林之前，医生其实没有什么药物可用来治病，多半是安慰剂效应。比如说，医生拍拍你的肩膀微笑说："没事，吃两次药就好了。"你心情一放松，营养能吸收进去，果然就好了。

这其实有生理上的原因。我们神经系统中最长的一条神经就是迷走神经，迷走神经跟我们的五脏六腑也就是心脏、肺脏、肾脏等都有联结。当我们知道有人跟我们的病情一样，有人在乎我们的病痛，迷走神经会比较放松。迷走神经跟我们的杏仁核有联结，杏仁核又是管情绪的地方，人在极度紧张时会呕吐就与迷走神经有关系，当心情放松了，压力激素就减少了，身体的运作正常了，病情也就减轻了。

同理心虽然是天生的，但还是需要训练才会变得熟练。研究发现，你只要抽出30%的休息时间跟孩子互动，孩子就会有好的同理心，而你会有个快乐的孩子。孩子在哭闹时，父母的同理心其实是一种很好的安抚方式。

有个妈妈带着两岁的孩子去办事，办事员的动作很慢，队伍排得很长，孩子很不耐烦，就跟妈妈吵："我要喝水！"但是那个饮水机坏了，没水可喝，孩子就不停地哭闹："我要喝水！我要喝水！我现在就要喝水！"这时候有三种方法可以处理：第一种，你可以选择不理孩子的感觉，假装没有听到。第二种就是你咬牙切齿地说："我已经跟你讲过了，等一下回家才有水喝，这里没有水，现在立刻给我安静，不要吵。"第三种就是你蹲下来跟孩子说："你现在很口渴是不是？大口喝冰水会让你觉得很舒服，我真的很希望这里的饮水机没有坏掉，没有坏的话，我就会抱你起来让你喝个够。"你这样子讲的时候，孩子会安静下来，因为他的需求被大人看到了，然后母亲的同情态度他很受用，使他觉得好像没有刚刚那么口渴了，他就可以安静耐心地等，这就是同理心的作用。

一件事情发生的时候，你先肯定他，"你口渴想喝水，我知道了"，让他的情绪先稳定下来。千万不要立刻否定孩子的感觉，认为他是无理取闹，这会让孩子闹得更厉害。然后你跟孩子沟通，语气缓和地说："现在没有办法呀，你等一下回家马上有好多水可喝了。"当妈妈安静下来的时候，孩子就安静下来。我们常常看到，孩子哭闹，父母吼叫得甚至比孩子还大声。漫画家几米有一句话很好："孩子火大时，大人安静；大人火大时，孩子逃命。"

与"同理心"相悖的词是"偏见"。偏见是个很严重的社会问题，我们在教孩子同理心的时候，切记不要把偏见也带给孩子。有一个实验是找了150个一年级、三年级和五年级的小朋友来玩游戏，请他们闭着眼睛抽签，抽到红签就是红队，抽到蓝签就是蓝队，但其实根本没有蓝队，只是他们眼睛是闭着的，所以不知道。实验者对红队的小朋友说："蓝队的人很讨厌红队，你们要小心。"老师发给小朋友的代币只能在这个游戏中用，小朋友可以买礼物送给他们喜欢的人。老师发给红队孩子代币的时候告诉他们说："这是蓝队的同学送给你们的。"过一会儿，老师就会去问红队："你们觉得蓝队对你们好吗？你们有多想跟蓝队的孩子玩？"要他们从1不愿意到4很愿意表明态度。结果一年级的孩子最容易受到大人影响，蓝队孩子虽然送了他们礼物，给他们代币买东西，但是老师讲蓝队不喜欢他们，所以他们不要跟蓝队玩。可是五年级的孩子就比较不一样，他们已经长大了，有他们自己的思想，可以用自己的经验来判断：他们送我礼物，他们是喜欢我们的呀，那我们可以跟他们一起玩。我们看到这么简单的一句话就可以左右孩子的认定和判断，所以偏见实在是太可怕了。

孩子因为信任大人，会把大人的话照单全收，所以大人不可以灌输错误的观念给孩子。在幼儿园的时候，各个种族，黑人、白人、印第安人、黄种人的孩子，大家都可以一起玩。但进了小学，孩子开始开窍以后，就会学大人说："这个黑鬼、那个红番[1]……虽然Jonny对我很好，但妈妈看不起黑鬼，所以我下次就不要跟Jonny玩了。"这个种族偏见一旦形成了，以后就很难改，所以父母在跟孩子讲话的时候，切记不要把你个人的偏见带给孩子。

1　一种对美洲印第安人的歧视性称呼。

第19章

父母是孩子最初的老师

——亲子沟通

亲子沟通没有一定的主题，
基本上就是通过跟孩子讲话
把信息传递出去，
提高他对世界的适应力。

有三岁以下宝宝的父母通常会质疑，亲子为什么要沟通？孩子这么小，什么都不懂，不就是我说、他听，让他学习吗？是的，没错，孩子最早的学习场所是家庭，父母是孩子最初的老师，孩子在小的时候当然是父母教，孩子听，但是父母教导的态度、方式和以后孩子的品格、习惯就有很大关系。所谓权威式的教育，会导致孩子在青春期时比较容易叛逆。

人都喜欢听好听的话，而不喜欢听骂人的话。一岁左右的小婴儿虽然不是很明了大人在谈什么，但是只要大人愤怒的表情一出现，声音低沉时，婴儿就会吓得大哭。孩子最怕你不要他，因为他还没有自卫的能力，没有父母的呵护他会死亡。不管多小的孩子都不喜欢听不好听的话，亲子沟通的原则是冷静、温柔、平缓，你如果变脸，孩子就会感到恐惧。

孩子很小的时候，父母不会责骂他，因为我们对他没有要求，他任何的进步我们都很高兴。但是一旦孩子上了学，哪怕是幼儿园，父母说话的声音就开始不好听了，因为攀比，一般父母都很在乎成绩，所以父母在跟孩子讲话的时候应该要先想一下，这句话有没有更好的表达方式？不要骂孩子，一骂，孩子恐惧了，肾上腺素激增，大脑就一片空白，反而不知道你在气什么，尤其骂多了，孩子的耳朵会习惯性地"关掉"，左耳进右耳出，就一点效果都没有了。

有研究发现，每句负面的话需要四句正向的话才能抵消它的影响。偏偏孩子在家中，每十句话中，只有一句是正向的，在学校是七句只有一句是正向的，难怪孩子在长大的过程中，都觉得自己是一个失败者（loser），因为大人不断灌输这个观念到他脑海中。这种做法有一个很可怕的后果就是"自我实现"（self-fulfillment），每天骂他是猪，最后他就真的变成了猪。

神经学家在还有八天才要出生的小猫大脑中看到，某一神经元跟别的神经元有密密麻麻的联结，等到这只猫老了，再去查看这个神经元时，发现常常活跃的神经回路变得很大条，但其他不用的联结都被修剪掉了。也就是说，神经元的联结是用进废退，常用的神经回路会因不断地活跃、联结紧密、反应快、创意多，而不常用的就被删减掉了。所以我们每天怎么对待孩子很重要，因为今天对待孩子的方式会影响他神经元的联结，也会影响他明天的行为。尤其大人对孩子的看法会影响孩子对自己的看法，这个信念养成后，就根深蒂固很难改了。

马戏团里的大象一定要从小饲养，因为一开始时，小象被铁链拴住，逃脱不了，久了以后，它就认为自己是不可能逃脱的，即使长大了、力拔山河了，它还维持着这样的观念，乖乖听驯兽师的话。所以父母千万不要动辄贬低自己的孩子，要知道孩子最在意的就是你对他的看法。

跟孩子沟通还有一个很重要的任务，就是通过与孩子说话，让他知道后面还会有哪些事情要发生，让他产生预期，这个预期就是他生活的秩序。A做完就该做B，B做完就要做C。比如说，钟响九声时，父母就跟孩子一起数钟声，教他数数，然后跟他说九声就是九点，现在你要准备去刷牙、睡觉了。把每个步骤设定好，然后按照顺序去做，这样就没有意外的惊讶。前面说过，大脑资源不够，喜欢节省脑力的行为。这也是自闭症孩子固执、不允许改变的原因。改变代表大脑要重新去适应，重新适应要耗费大脑资源，他们大脑资源不足，不喜欢改变但又缺乏沟通的能力，有口难言，就在地上打滚，大发脾气。我曾看到一个自闭症的孩子，他不知道老师调了课，把音乐课改为美术课了，就很生气，大哭不肯上课，因为他大脑准备好了要上音乐，现在却不是，他不能改，就发脾气了。还有一次，一个孩子以为要去姥姥家，没想到爸爸开车去了奶奶家，结果也是不肯下车，大闹一番，其实他更喜欢奶奶，只是不能接受改变。

预期心理很重要，它帮助我们接纳新的信息，更多的时候是帮助我们接受不好的信息。例如，当人的心里有预期的时候，受到打击就不会痛得那么厉害，癌症病人的家属就比车祸死亡的人的家属比较能接受亲人的离开。现代医学看到了这一点，所以医生会尽量告诉病人，他的下一步要做什么。比如，现在牙医师都会事先告诉你，马上要开始钻牙了，会有一点不舒服，病人就会吸一口气，准备痛的来临。

同样地，父母可以利用散步、接送孩子上下学的时间，尽量让孩子知道这世界上所有发生的事情都是有因有果的，循序而上，一步接一步。

这种固定的方式叫例行公事，就像星期一过完是星期二，形成我们生活的固定模式，减少惊奇、减少挫折。政客都知道好消息可以突然宣布，坏消息却必须慢慢放出风声，让老百姓心里有准备后再宣布。所以孩子事先知道今天有什么事要发生，他心里有准备，会安静地接受你的安排。如果他知道今天要去打预防针了，他会害怕，但不会像突然被带到医院看到医生拿出针筒时那样大哭。他的大哭其实有愤怒的成分在内，你怎么没有事先告诉我？愤怒加害怕，哭的声音就更大了。其实我们如果预先知道要挨打了，会把肚子鼓起来，让肚子充满空气，打上去就不会这么痛，若是没预防的时候，突然被打一拳，那伤害更重，痛得更厉害，所以预期心理很重要。

亲子沟通没有一定的主题，基本上就是通过跟孩子讲话，把信息传递出去，提高他对世界的适应力。重点在于"有话好好讲"，尽量用比喻的方式，用他熟悉的物体来比喻。要责骂他时，也尽量用第三人称，比如说，孩子今天没有好好做功课，玩具没有收好，妈妈就说："小熊今天真不乖，功课也不做，玩具也不收。"一般敏感的孩子看到妈妈在骂小熊就会赶快反省自己，急忙去收玩具免得被骂了。若是孩子还没觉悟，母亲就可以提醒一下："小熊不乖，那你有没有乖呢？"通常这样一说，孩子就会立刻去改正他的行为了。

亲子沟通是个重要的技巧，关系着以后亲子的感情和他以后对自己的信心以及跟别人的人际关系，是教养孩子中最重要的一个项目。就像我们放风筝时的那根线，如果风筝的线捏得紧，那么风筝飞得再高再远都不必担心，线在手上，一拉就回来了，但是再好的风筝，线断了就不是你的了。

第 20 章

认知功能的总管

——执行功能

执行功能说穿了就是习惯的培养，
因为好习惯可以节省大脑资源，
使大脑有能力去处理别的事情。

大脑有一项很重要的功能，就是"执行"。大脑掌管我们的注意力、记忆、情绪控制，还有计划、策略、组织等认知功能的区域，坐落在我们的前额叶皮层，如果这个地方受伤或是发育不良的话，会影响孩子的学习和成就。所以不管孩子再怎么不听话，都不可以打他的头，更不能抓他的头去撞墙，因为前额叶是他整个大脑最重要的地方。

这个执行功能在三到五岁的时候发展最快，然后在青春期的时候会再发展一次。它很像机场的塔台，机场有很多的跑道，每天有很多的飞机要起降，这些飞机必须听从塔台的指令来起降。前额叶皮层的功能就是指挥我们先做哪一件事，后做哪一件事，如何排除干扰、如何控制冲动。在医院里，我们看到因车祸而前额叶受伤的病人，虽然他的聪明才智没有受损，专业能力也还在，但是失去了安排先后顺序的能力后被公司开除，因为他每件事，做一做就会放下来去做另一件事情，每天很忙，却一事无成。

那么这项功能可以被训练吗？可以的，多用它，神经回路被活跃得多了，功能就发达了。

执行功能里最重要的是注意力，注意力是把守信息进入大脑的关口，它可真的是一夫当关，万夫莫开。在日常生活中，每天有许多的信息都想挤进我们的大脑，但因为大脑的资源有限，不可能处理所有的信息，所以只有我们在乎的、有兴趣的东西才会进入我们的大脑，而注意力便是决定谁可以进入我们大脑的那个把关者。

那么，怎么训练呢？用游戏。美国的婴儿很喜欢玩peekaboo，就是两只手把脸盖起来，然后突然打开手说："peekaboo!"孩子就会咯咯地笑，因为孩子小的时候，记忆力是很短暂的，眼睛没有看到，就忘掉了。所谓"Out of sight，out of mind."，当你用手把脸盖起来，他没有看到你，会惊慌，可是一下子你把手打开又出现了，他看到失而复得，就好高兴，就会笑。这个叫惊喜，因为惊喜会使大脑分泌去甲肾上腺素，这个去甲肾上腺素跟注意力和记忆都有关，它使大脑在处理这个信息时，程度比较深。"没有惊讶就没有学习"，惊讶的时候，眼睛睁大，嘴巴张开，大脑的脑干就分泌去甲肾上腺素来维持他的注意力，孩子就立刻强化了这个记忆。

注意力基本上就是大脑对信息的选择。它过滤掉不重要的信息，把重要的放大后，送到应该处理它的地方去，如视觉皮质、听觉皮质。

注意力需要正反馈来维持，而学习新东西本身是一个正反馈，如果一个动作太困难，孩子试几次都达不到标准的话，注意力会因疲劳而游离开。这时，我们可以把一个新的、比较困难的动作分解成几个较简单的动作，当这个动作自动化后，再跳到下一个动作去，宝宝就不会有挫折感。

婴儿的注意力维持时间很短，大约只有几分钟的时间，我们可以用亲子共读的方式来延长。一个故事还没有听完，他的注意力不会游离，因为他想知道结果。

父母可以每天亲子共读，跟孩子讲故事，用故事来吸引他的注意力。我们念故事书或讲故事时都是慢慢的，语调抑扬顿挫、手舞足蹈，这些都会吸引孩子的注意力。当逐渐增加故事长度时，他的注意力无形中也慢慢延长了。

执行功能说穿了，就是习惯的培养，因为好习惯可以节省大脑资源，使大脑有能力去处理别的事情。在实验中看到，第一次做这件事情的时候，大脑用了很多的资源；第二次做这件事情的时候，因为神经回路已经跑过一遍熟悉了，用的资源就比第一次少了一半；三次以后，它用到的资源就很少了。孩子做了很多遍以后习惯成自然，他就不用再花大脑的资源了，所以《颜氏家训》说："教妇初来，教儿婴孩。"好习惯是孩子一辈子受用不尽的。

另一个重要的执行功能就是"情绪控制"，人不是天生就有控制冲动的能力，但是这个能力可以被训练。掌管情绪的杏仁核比掌管理智的前额叶皮质早成熟很多。如果不断地去刺激大脑抑制杏仁核活跃的动作，会使前额叶皮层的这些细胞更敏感、更容易活跃，就更容易控制我们不好情绪的出现。孩子累的时候容易发脾气，因为累的时候，他的大脑资源不够，前额叶皮层无力控制他的杏仁核，孩子就容易哭闹。

注意力、情绪不会随着年龄而自动出现，但它可以经过训练而强化。皮质成熟度可以通过反复的练习来加强。一个被鼓励自我控制的孩子，他在情绪上比没有人管教的孩子更好，如果孩子每次摔跤母亲都说"没有关系，拍拍灰尘，爬起来就好"，这个被鼓励的行为使他下次再摔跤的时候会自己爬起来；可是如果孩子摔跤，母亲急忙跑过来抱，更糟糕的是父母拍打地板，说"都是地不好害你摔跤"，这会使孩子下一次摔跤时去怪罪别人，"地不平害我摔跤"，这其实是不对的，不要让孩子养成找替罪羔羊的习惯。

训练孩子的行为，最重要的是大人的榜样作用。模仿，是孩子最原始的学习机制。大人在外工作免不了受气、受挫折，若回到家，发脾气骂人甚至摔杯子，那么孩子就会有样学样。由于孩子听话的能力早于他说话的能力，大人如果在吃饭的时候说今天在公司碰到什么事，怎么去处理这件事。他便会了解爸爸今天不高兴了，说话声音变得低沉也没有笑容了，但是爸爸没有打人或摔东西，表示这些发泄行为是爸妈不接受的。

孩子需要在一个完全安全的环境里，把他的情绪发展出来。语言和非语言的神经回路，在小的时候是没有分化完成的，很多时候，孩子并不知道他这个情绪是什么，他讲不出来的时候，受了很大挫折，就会躺在地上发脾气打滚了。孩子发脾气时，父母不要跟着大吼，你要教他什么是情绪。例如，狗狗被汽车轧死了，你很难过，这是悲哀；看到有人被打，你很害怕，这是恐惧。当他下次有情绪发生时，他会跟你讲："妈妈，我今天很愤怒。"那你就可以问："你为什么愤怒？"借此就可以教导他怎么去处理这个情绪了。所以情绪是需要被教育的，如果小时候没有教，长大以后我们就会看到很多这种白目[1]，跟别人格

1　白目：主要来自闽南语，用来形容那些考虑不周、冒然说出事实而伤害他人的人。因此类人经常会遭人白眼，于是以"白目"以概之。

格不入，甚至有反社会行为，这种人会因交不到朋友而孤寂地过一生。

联合国儿童基金会表示："幼儿园的时候最需要教的是情绪控制和好习惯，这比阅读跟数字概念更重要。"就是说孩子小时候其实不用特别教阅读、数数，而是教他们控制好自己的情绪、学会好的习惯，因为这才是孩子终生受用的。

第 21 章

为大脑抢下阅读地盘

——亲子阅读

大脑是"凡走过必留下痕迹"的，

看过一次，

就在大脑里留下痕迹。

古人说开卷有益，

确实没错，

多看多记多吸收，

知识是相通的。

我鼓励家长们从小就培养孩子阅读的能力，因为说话是本能，而阅读是习惯。大脑中并没有阅读中心，所以阅读需要教才会，不像说话，只要将孩子放在有语音的环境，孩子自然就能学会。阅读不是本能，越小的时候越容易学，应该在大脑可塑性很高的时候，将阅读的地盘抢下来。为什么说地盘呢？因为我们目前用来处理阅读的大脑区块原本是辨识脸和物体的地方。当文字发明出来，大脑必须有一个地方来处理文字，而大脑各个区块都已经被各个功能占去了，没有多余的区块来处理文字。而人又不能再长一个新的大脑出来，最后只好借调原本辨识脸和物体的地方来处理文字。实验发现，一年级小朋友看到字的时候，他左脑的梭状回并没有什么反应，还在处理面孔，但是到三年级时，左脑的梭状回已经全部被文字占去了，面孔的处理被挤到右脑去了，所以要趁孩子大脑可塑性强时，让阅读把梭状回的地盘抢过来。

　　念书给孩子听有多重要呢？美国有一个研究者从同一小区中找到两组五岁的孩子，他们父母的教育程度和社会经济地位都相似，一组是父母在过去的两年中，有念书给孩子听，一周至少五次；另一组则没有这些习惯。实验的做法是请孩子说一个有关他自己生活的故事，比如他的生日派对、去动物园玩的经验等，然后请他假装念一本故事书给洋娃娃听。结果发现两组有显著的差异：父母有念书给孩子听的那一组，不但文法程度比较深，用的句子比较长，还会用相关子句，而且他们用的"书面语"（literary language）也比较多。

故事书，不论多浅，用的语气还是跟口语不同。比如说，故事书开头会用"很久很久以前"，而我们一般说话不会如此。故事书中常会用到很多的比喻，如"像玫瑰般的脸颊""像瀑布般的长发"，这在口语中很少见，但是却可以通过故事内容，让孩子了解比喻的用法，增加他对比喻生动性、活泼性的了解。

实验也发现，大脑会因阅读而发育不同。神经学家发现，孩子阅读时，所活跃的大脑区域跟成人不一样，当孩子逐渐变成流利的阅读者时，大脑血流量图就越来越趋近成人的脑图。初学者在阅读时枕叶（视觉皮层）大量活跃，在枕叶与颞叶交会的梭状回血流量也增加了，而且是两边脑都如此，他们还动用到额叶和运动皮层，他们用的最多的是角回及顶叶、颞叶、枕叶交会处，因为这些区域处理字形的辨识及语意。

孩子听多了书面语，不但提高了他们的词汇量，提升了语法的应用能力，有助于写作文，也使他们比较容易了解大人所说的话。那么大人如何来引导呢？最简单的方法是从宝宝六个月起，把他抱在身上，读书给他听，让他们亲近文字，喜爱阅读。当大人陶醉在阅读中时，孩子也会喜欢阅读，因为他们喜欢模仿大人。所以父母本身的阅读榜样很重要，因为模仿是最基本的学习。父母拿着书看，孩子也有样学样地拿起书来看，甚至书都拿反了，也模仿得津津有味。其实从小有阅读习惯的孩子不见得会迷上漫画，因为文字的描述比漫画更生动有趣，而且那是孩子自己的想象力。但是从小没有阅读习惯的孩子，进了小学后再来培养时，常要靠漫画来引导。当孩子识字够多后，就不要再给他看漫画，漫画的缺点是剥夺了孩子的想象力以及降低了孩子词汇的应用能力。

婴儿六个月大的时候就可以亲子共读，这并不是要教他识字，而是养成他喜欢亲子共读的感觉，使他以后爱读书。我们把宝宝抱在身上时，书是放在腿上的，虽然婴儿是近视眼，但这个20厘米的距离他是看得见的。书上有颜色、图片，最重要的是母亲手指着字在跟他讲故事，他就通过亲子阅读学习语言。绘本童话的句子都非常简单，而且里面的词语是重复地应用，所以也顺便教孩子说话了。

同时它会慢慢养成孩子坐着不动的习惯。我们看到很多孩子坐不住，书打开来，没看两页，一下喝水一下上厕所，没有定性，所以定性是要从小培养的。

一到三年级孩子是学习阅读（learn to read），三年级以后叫通过阅读在学习（read to learn），功能已经不一样了。阅读还会改变大脑的结构，文盲和识字的人大脑是不一样的，识字者中间连接两个脑半球的胼胝体比较厚，血液量比较多，而且识字者左脑的活跃区域比较大，至于短期记忆，识字者就比文盲大了一倍。

那么，为什么要广泛地阅读呢？因为大脑有"凡走过必留下痕迹"的特质。看过一次，就在大脑里留下痕迹。古人说开卷有益，确实没错，多看多记多吸收，知识是相通的。我们都有这个经验：在学会一个字后，好像走到哪里都能看到这个字，但是以前不认识这个字时，即使经过也不会特别注意。不了解、不认得、不熟悉的东西无法通过注意力的瓶颈进入我们的大脑，我们即使看了也记不住。

孩子学会阅读以后，可以把别人的经验内化成自己的，不必用他有限的生命去学那些无限的东西，这就是为什么父母给孩子最好的礼物就是养成他阅读的习惯，让他这辈子受用不尽。

21世纪，知识已经不分课内课外，课外的知识越广，读课本就越轻松，所以我们如果说要使孩子拥有阅读的能力，最好的方式就是大量地阅读。

塔夫茨（Tufts）大学的吴尔芙（M.Wolf）教授认为：人会阅读是个奇迹，因为大脑不是演化来阅读的。她说："阅读改变了我们的生活，我们的生活也改变了我们的阅读。"现在有很多证据显示，大脑会因外界需求改变内在神经元的联结，父母千万不要错过帮助孩子大脑发展的机会。

念书给孩子听，创造快乐时光。纵然孩子还小，未必听得很懂，但是他会知道阅读是一个快乐的时间，父母的注意力都在自己身上。父母念书时语调抑扬顿挫对孩子来说像听音乐，他会努力想知道父母在说什么，而努力代表了主动，主动会增加他神经回路的联结，快速地增加他的词汇量，方便早日以语言与人沟通。孩子若能正确表达出他的意思，就可以减少被人误解、答非所问的挫折感。

很多人比较功利，但凡做一件事就一定要看到成效，其实很多好的事情不是马上看得见成果的。英国作家高登

（Rumer Godden）说："当你学会阅读时，你等于重生一次，你再也不会感到寂寞了。"这句话说得真好，好好培养你的孩子这个永远不寂寞的习惯吧！

第 22 章

探索孩子的创造力

要培养孩子的创造力，最好的方法
便是增加他的生活经验，
多让他动手去触、摸、拿、捏、拆解，
这些动作都会增加他神经元的联结。
孩子要主动去看东西、主动去探索，
他的神经才会正常发展。

我们如何帮助孩子发挥他的创造力？创造力在神经学上的解释是两个不相干的回路碰在一起，活跃了第三条回路。神经元彼此之间的联结必须很紧密，才可能碰在一起，而碰到了才能够触类旁通、举一反三。

那么神经元要怎样才可以联结得紧密呢？答案是"探索"，主动地探索，因为经验才能促使神经元联结。对小宝宝来说，探索就是他学习新东西的方式，我们要鼓励他去摸、去尝、去试新的东西。

宝宝九个月大会爬了以后，他的神经发展就非常快，神经元之间的突触是一秒钟可以长4万个，我们在前面介绍大脑结构时谈过，"突触"就是两个神经元中间的那个结构。大人的神经元与神经元之间大约有1000个到1万个联结，而在婴儿期，它是成人的好几倍，联结得越多，宝宝的神经网络越密，对他以后智力的发展越有利。

因为智力在神经学上的解释是神经元联结的方式和密度，前者是基因决定的，后者是经验决定的，所以智力发展程度是基因和环境交互作用的结果。这个神经元联结的密度不但跟智能有关，也是创造力的根本。所以父母要尽量让孩子去探索，先把家里具有危险性的东西都拿走，然后让他去爬、去接触摸索、去尝试新东西，不要担心这个危险、那个危险，也不要让孩子觉得探索是很可怕的事情。宝宝在探索的时候会把地上的东西捡起来放在嘴里，这不要紧，因为他口水没有吞下去，是流出来的。但是地上不要有孩子能够吞下去的小的东西，这是危险的。家里有小孩时，需要一个好的吸尘器，一天若能吸个两次就可以了。

我们尽量给宝宝玩各种生活中的用具，反正他以后要用到这些东西，早点让他在玩的时候熟悉这些用具的使用，还可以顺便训练他手指和手臂的肌肉。游戏时，他可以学习触摸汤匙的形状，要用多少力量才能握得住，盘子为什么一只手抓不住？为什么表面平的食物不易抓起来？杯子怎样拿才可以喝到水等。也可以顺便教他这些用具的名称，要尽量跟孩子说话，所以这是一举两得，利用生活中的用具当玩具，省钱又有功效，既训练了孩子手的灵活性，又教会了物品的名称。

外面买的玩具通常有固定的玩法，但生活中的用品玩的方式有很多，可以启发宝宝的想象力。曾有一位神经心理学家在他的书中写到，某年圣诞节，他因为升等[1]成功，

1　升等：员工发展体系中的一环，适用于双轨晋升制中的非主管轨晋升路径，因员工的能力提升能胜任更高职等的工作，而予以升等。一般只有职等提升，职称并未变动。

特地花了200美元，替他五岁和七岁的儿子买了他们很想要的火车过山洞的玩具。结果发现孩子只玩了20分钟就对玩具失去新奇感，不玩了。两个小兄弟反而拿起装玩具的纸箱，玩起阿里巴巴与四十大盗的芝麻开门游戏，他很惊讶孩子竟然觉得免费的纸箱更好玩，他在观察一阵子后，发现这个纸箱变成了航天飞机，又变成了小独木舟，这印证了一句话，"你的想象力是你最好的娱乐"。

宝宝在探索时，会用到舌头，因为舌头的触觉特别敏锐。常看到美国小孩咬着一条小毯子不肯放，走到哪里都拖着它，就是这个毯子柔软的感觉给了他当婴儿时的安全感。总之，经验促使神经元联结，在宝宝会爬之后，尽量让他去尝试不同的东西，开拓他的新视野，增加他的新联结，只要他能做的都让他自己去做，不要替他做。

神经学的实验发现，只有主动才能促成神经元联结，主动学习不但学得比较快，学习的方式和效果也不同。研究发现只有主动学习到的东西，在情境改换时才可以灵活变通。

那么如何使孩子主动去学习呢？首先要诱发他的好奇心，好奇心是创造力的根本动力，我们在水迷宫实验中了解，被动运动的老鼠在改变下水的方向后，不懂得利用环境的线索去做出因应的改变。就和数学若是用背的方法，题目一换就不会做的道理一样。科学家一开始不了解主动的威力，20世纪60年代有个实验，把同一胎的两只小猫，一只放在一个篮子里面，让另外一只推着它走。这个仪器的构造像磨粉的磨子，有个轴心，一端是个篮子，另一端是个皮带，套着一只小猫，由它行走转动轴承，让另一端坐着另外一只猫的篮子跟着动。也就是说，一只猫是自己主动地在动，另外一只猫是坐在篮子里面被带着走。三个月以后，猫的视神经发育成熟了，做测试时，就发现主动和被动差别非常大，只有主动学习才会造成神经元的联结。

一个更好的实验就是在小猫生下来以后，把它的右眼先缝起来，让它用左眼看，一个礼拜以后，右眼拆线，缝左眼，右眼、左眼、右眼、左眼轮流拆缝。等到三个月猫的视神经发展完成以后，两只眼睛都拆线，在它前面放着老鼠，这个猫很想去抓老鼠，却抓不到，因为它没有练过两只眼睛同时看一个东西，没有办法形成深度知觉。所以孩子要自己主动去看东西、主动去探索，他的神经才会正常发展。

不要总给孩子买玩具，尽量用最原始的纸盒、木块等，这些才能真正发挥他的想象力，而想象力是创造力的根本。我们小时候没有钱买玩具，常把椅子翻过来底朝上当作木轿子或监牢。我们在没有玩具又要哄宝宝不哭时，可以试着把一个东西反过去给他看，一反过来它的形状就完全不一样了，小宝宝的新奇感也就产生了，会一直看你翻来转去，这些形状的变化会吸引孩子，他也就忘记了哭。

宝宝要学会一个东西正面、侧面、立着、倒着都是同一个东西真是很不容易，因为在医院里，脑伤的病人就做不到，我曾给一个病人看一张从上往下照的茶壶照片，他就不认得了。

总之，要培养孩子的创造力最好的方法便是增加他的生活经验，多让他动手去触、摸、拿、捏、拆解，这些动作都会增加他神经元的联结。

有父母问：孩子玩玩具时需要有大人指导吗？因为有人认为有大人教，孩子才会进步。其实，玩具并没有一定的玩法，除非是科学玩具，如果大人先做了示范，孩子的确会表现得好一点，因为他会模仿，但从另一个层面来看，模仿反而剥夺了孩子创意与想象的快乐。

创造力是在"每个人都看得到的东西上面，想到别人没有想到的地方"。每样玩具都先玩给他看，会局限了他的玩法。心理学上有一个很有名的水瓶实验告诉我们：一个问题如果总是用同一种方法去解，就看不到快捷方式。老地图是找不到新的航线的，我比较赞成让孩子自己去寻找同样一个东西的不同玩法。

第 23 章

音乐和体育的重要性

音乐陶冶性情,
体育强健体魄。
一般年纪大的人对于语言的反应会比较慢,
但是年纪大的音乐家并不会,
所以音乐对大脑的健康
是有帮助的。
体育运动也是,
除了训练孩子的技术和体能,
还能让他遵守纪律。

孩子学习音乐和体育也很重要，现在很多孩子不肯去上学，即使被父母送去了，也会想办法逃学。有一个原因就是我们把教育的重点弄错了，学校以成绩来评量孩子，让孩子以为学习成绩不好，他就一切都完了。许多人到三四十岁都还忘不掉童年功课不好的羞辱，他的自尊心也在出来工作二十年后才建立起来，这是多么不值得的事，所以今天来跟各位谈一下音乐、体育的重要性。

柏拉图在两千年前就说过，雅典的公民在二十岁以前只要教他音乐和体育就够了，因为音乐陶冶性情，体育强健体魄，这是做人的两个基本要件。

音乐和体育在学校里一向不被重视，每次教育经费不够时，首先想到的就是删除这两门课，这是很错误的观念。实验发现，要帮助孩子提高记忆力，增加他学习语数外的能力，音乐、体育是最大的帮手。运动时，人的大脑会产生多巴胺、血清素和去甲肾上腺素，前两者跟记忆有关，后者跟注意力有关。所以芝加哥附近一所高中让学生早晨七点就来学校操场跑步，运动完了再去上课，结果发现学习效果非常好，这种学习法已在全美国推动。

运动可以帮助学习。对患有注意缺陷多动障碍（ADHD）的孩子，运动对他更重要，因为运动时产生的多巴胺作用跟吃"利他能"这种药一样，而药物有副作用，大脑自己产生的多巴胺则没有副作用。

音乐这个实验是在美国西北大学（North Western University）做的，这是一所很有名的学校。实验者先对75名学生做一些听力、记忆力、注意力、语言能力和口语反应能力的测验。然后把学生分成两组，一组是学习各种乐器的音乐组，另外一组是学乐理和音乐史的控制组。两年以后，再回到实验室做同样的测验，结果发现音乐组的孩子在语言、听力反应上都比控制组好很多，这个结果让大家很惊讶，因为我们一般都认为音乐是可有可无的，是富裕人家的休闲活动，却不知道音乐竟然会影响大脑的发育。

为了确定这个效果，研究者重做一次，把研究人数加倍，增加到150人，发现结果还是一样。音乐组的孩子在听觉皮层的发育，还有听神经的敏感度，都比控制组强，这组孩子在嘈杂的环境里听力也比较好，语音识别能力也比较强。而听得比较清楚、语音识别能力比较强，孩子上课就不易听错，对孩子的学习比较有利。

学习乐器有很多的好处，第一是记忆和注意力的训练以及纪律性要学会一种乐器你必须持之以恒，任何一个动作做了1万个小时以后，你就是这个领域的专家。大脑是用进废退的。还有一个实验发现，德国大学生在练习抛接球时，运动皮层脑区变大，当三个月不练习后，这个区域又缩小。三天打鱼、两天晒网正是孩子不成功的主要原因。

纪律固然很重要，但训练的过程不可操之过急，给的作业不可超过孩子的能力，所有技能的学习必须循序渐进，不然孩子会因受到挫折而退缩。当练习一个阶段很熟了，再提升到下个阶段时，他会因为做得轻松、心情愉快而持续练习。人的本性是好逸恶劳的，容易做就会做下去，假如遇到困难，超越他能力时，他就会放弃。也就是说纪律固然很重要，但是训练程度的适当性也是要留意的。

音乐演奏时必须配合别人的速度，所以专注于自己的演奏之外还要留心别人的步调，这对孩子的注意力是非常好的训练。另外，每周两次的排演给了孩子社交的机会，可以交到志同道合的朋友，强化他的人际关系，上台表演则可以增加孩子的自信心。

还有一个实验显示音乐可以强化大脑的认知能力，有利于孩子的身心发展，甚至对老人也是，因为大脑的影响是一生的。这个实验的对象是年纪大的音乐家和同样年龄的普通人，结果发现虽然年纪大的普通人对于语言的反应会比较慢，但是年纪大的音乐家并不会，可见音乐对大脑的健康是有帮助的。

体育运动也是，除了训练孩子的技术和体能，还有纪律性。研究发现，运动可以防止大脑老化，一只有运动的两岁老鼠（等于人类的九十岁），它的大脑年龄等于六个月盛年的老鼠。对老人来说，运动还有防止阿尔兹海默症的功能。

国际知名的大提琴家马友友，他之所以会成功，是因为他有个好母亲。他母亲从来不会因为孩子琴拉得不好而打他，只有在他做错事情的时候才会打他屁股。为什么呢？因为拉得不好而挨打，那么孩子下次看到琴，脑海里浮现出来的就是挨打的影像，产生的就是恐惧的情绪而不是愉悦的期待心情。

成为一个杰出的音乐家，你需要1万个小时的练习，如果你的孩子连一个小时都拉不下去，他怎么可能成为杰出的音乐家？所以不要因为孩子拉得不好而打孩子，或者以为他拉的时间很长，便勤能补拙。要知道小孩子的注意力维持时间很短，只有10分钟左右，如果硬逼他拉45

分钟，这效果绝对不会比他专心拉15分钟来得更好。在这里，勤是多多练习，但切记不要练习过久让他疲劳，没有感情的音乐只是物理音而已，不是真正的乐音。

要让孩子成为音乐家，就不要让音乐成为他心中恐惧的事。当孩子全神贯注的时候，他是听不见他人讲话的，也听不见外面的声音，因为他全神贯注在音乐中。那时，大脑的资源都集中在所做的工作上面，这时候的学习效果最好，因为那个区域的血液大量增加，大脑就分泌大量的神经递质，像多巴胺、血清素，还有去甲肾上腺素来帮忙学习。所以孩子全身心学习的时候，马上就学得会。同样地，若他恐惧的时候，他的注意力集中到老师手上的藤条，大脑的"恐惧中心"——杏仁核就会变得活跃，心跳加快、手心冒冷汗，这时候没有任何的学习效果，虽然眼睛睁得很大，可是信息就是进不去。

音乐陶冶性情，体育强健体魄，这两样是我们教育孩子的重心。父母不要本末倒置了。

第 24 章

孩子的社会化

"社会化"这个词听起来有点陌生，
好像很抽象、很学术性，
其实它就是孩子对他生存环境的认识和适应。
玩游戏最大的好处是发挥想象力，
孩子只有跟孩子玩才会培养出
21世纪所需要的情商。

"社会化"这个词听起来有点陌生，好像很抽象、很学术性，其实就是孩子对他生存环境的认识和适应，也就是他在这环境中应有的态度和行为。例如在家庭中，他要学会如何跟父母、兄弟姐妹，甚至家里的宠物一起和谐生活。他要认识他们，并知道自己的定位，比如要尊敬父母、友爱兄长。进入幼儿园后，孩子则要了解幼儿园中的规矩，尊敬老师、友爱同学，才能从幼儿园顺利毕业，避免因不懂得如何与人相处而被幼儿园拒收。

每个"社会"都有自己的规范和传统，违反了这个规范和传统就会被排斥，被逐出团体。所以社会化对孩子人生发展，尤其情绪发展，是很重要的一环。它其实就是孩子对人际关系及进退之道的学习过程，而且是一个逐步内化的文化熏陶过程，所以不能操之过急。重点是社会化是他跟同伴一起，而不是跟父母一起完成的。

为什么社会化不是跟父母一起，而是跟同伴完成的呢？因为孩子很精，知道很多事情是大人可以做而他不可以做的。但是跟小朋友一起玩时，别的孩子可以做的，我也可以做。孩子知道分辨大人跟孩子要遵守的社会规矩有所差别，这就是为什么说他的社会化是要跟同伴一起完成的。

在团体里面玩的时候，第一个要学会的就是遵守团体的规矩。你不可以抢别人的东西、不可以打人，有一些做人的基本规则，孩子要在很小的时候通过游戏学会。其实游戏很重要，很多发展心理学家认为玩游戏是孩子的天职，游戏是想象力的发挥，想象力是创造力的根本。

孩子在玩游戏时，不但要学人际关系，还要学情绪控制。一个爱哭的孩子是没有人愿意跟他玩的，一个不肯分享的孩子更是没有人喜欢跟他玩。所以孩子通过游戏马上学会这些道理，比父母教导更直接有效。很多父母说自己不知道怎么去跟孩子玩，其实你不需要跟孩子玩，你是他的父母，要照顾他、陪伴他、爱护他、教导他，但是他要怎么玩？让他去跟小朋友一起玩吧。

一个一岁多，甚至还不会讲话的宝宝跟别人一起玩时，他们两个人就组成一个小社会了。一个玩具，轮流玩或一起玩，是他们要学会的社会规范；大人只要制造足够的机会让孩子一起玩，训练他说话、分享、学习同理心和人际关系就好了。

一般来说，小区里面总是有年龄差不多的孩子，可以组织一个妈妈俱乐部，大家轮流照顾孩子。只要一个妈妈轮值，其他妈妈可以去买菜办事，而不会都被孩子绑着。

值班的妈妈可以一边清理房子、煮饭烧菜，一边用眼睛看着孩子们玩。我们照顾孩子不是每分钟都要盯着他们，如果像打篮球那样紧迫盯人，大人、孩子一定都受不了。很多时候，孩子们会自己形成团体，就是小的跟小的玩，大的跟大的玩，各家把孩子送来的时候，也会把孩子最喜欢的玩具带过来，免得孩子争吵，这个好处是可以交换玩具，互相学习。孩子会模仿别的孩子怎么玩，这对他智力的发展帮助很大。

有一个实验是给一个小朋友看一个比较复杂的玩具，只要一扳开关，音乐就响，一个小丑就弹跳出来；但开关在盒子的底下，一般小孩子不会去摸盒子的底下，所以他会在上面弄来弄去，但盖子就是打不开。这时实验者就走过来，教他在盒子底下的开关上一拨弄，音乐就响了，里面的小丑就跳出来了。孩子会玩了以后，进来另外一个小朋友，虽然话都还不会讲，但看到这个新鲜玩具，他也想要玩，这时前面的孩子就把玩具递给小朋友让他玩这个玩具。这就是分享，新来的小朋友同样摸来摸去找不到开关，这时候那个已经会玩的孩子就会把玩具接过来，把它反过来，做给他看。不会讲话没关系，两个人还是玩得好开心，所以孩子只要待在团体里面，他很自然地就学会分享了。

孩子在一起玩，常会有吵架、打架的时候，这时父母尽量不要介入，让孩子自己去解决，因为这也是孩子学习的机会。

三岁以内的孩子打不过人家就会哭，这时候父母只要看一看，如果不是很严重，就不要管。如果大人没有介入，比较大一点的孩子就会过来帮忙解决纠纷，摸摸这个哭的孩子，叫他不要哭。

解决的方式不是说谁对谁错。在团体里，孩子很快学会跟人相处，也很快学会告状是没有用的，有了问题要自己解决。爱告状的小孩子，反而会使别人讨厌而不喜欢跟他玩。

曾经有外国人说中国的孩子特别喜欢告状，后来我观察到的确如此。中国和日本的孩子碰到问题的时候会去找父母帮忙，比如说要小朋友用一个会漏的铲子，把沙坑里的沙装进一个酸奶瓶子，但铲子有洞，沙一铲起来就漏掉了，酸奶瓶子就装不满。美国的妈妈不会来帮忙，她让孩子自己去解决；日本的妈妈会站在沙坑的旁边跟孩子比画要怎么做；中国的妈妈是直接把鞋子脱掉到沙坑里说："来，我教你做。"结果中国的孩子玩两下子就不玩了，因为没有新奇感了；而美国的孩子是自己摸索，一开始他不会，但弄了几次以后，他会发现把瓶子拿近，铲子虽然会漏，但还是会有一点装进去，装满以后他很高兴，因为他是自己学会的。

所以社会化是跟同伴一起完成的，而且在完成的过程里，可以培养出孩子的个性与解决问题的方式。

玩游戏最大的好处就是发挥想象力，最好的玩具是最不起眼的纸箱子，可以想象是太空舱、坦克车，任何他能想象的东西。即使只是一个破纸箱，几个孩子仍然可以玩得开开心心、天昏地暗。孩子只有跟孩子玩，才会培养出21世纪所需要的情商。

第 25 章

网络阅读与纸本阅读改变大脑

网络阅读与纸本阅读，
不但活跃大脑的区域不同，
连用到的资源也不一样。

因为新冠疫情的关系，孩子在家里用网络远程上课后，很多父母开始担心网络阅读会不会影响大脑发育？网络阅读和纸本阅读有没有差别？这两个答案都是肯定的，因为文字的使用会改变大脑的结构。我们在实验中看到文盲和识字的人的大脑是不一样的。大脑会因为外界的需求而改变脑神经的分配，假如我们今天浏览网页的时间多过阅读书籍的时间，那么这个神经元的联结就会产生改变。大脑的规则是同步发射的神经元会联结在一起，加州大学的实验者找了12名网络老手和12名网络新手，在他们使用谷歌（Google）搜寻的时候，扫描他们的大脑。结果发现经常使用谷歌的人，脑内活动的范围比新手的大，他们左背外侧前额叶皮层（DLPFC）的地方有大量的神经元活跃，而新手几乎是没有的。

实验者于是请这两组人一个礼拜以后，再回到实验室做扫描，这期间他要求新手每天上网一个小时来练习搜寻。一周后，果然发现新手原本没有活跃的左背外侧前额叶皮层活跃起来了，而且大脑神经元的联结仅仅在六天之后就重新布局。所以我们知道，大脑因应外部需求而改变是非常快的。

实验者又发现，网络阅读与纸本阅读，不但活跃大脑的区块不同，连用到的资源也不一样。上网阅读、浏览的时候，大脑要动用到很多资源，每次只要移动页面，转移了注意力，大脑就得重新定位眼球的位置，这就会增加大脑的工作，所以网络阅读的效果比较差。当实验者用眼动仪来追踪浏览网页的眼球移动方式时，发现浏览的时候，眼球移动是一个F形：就是先读一两行，然后眼球就往下移，大约看了一半，再把眼球往网页面的左边扫一下就结束了。也就是说，他并没有完全读完，网页每增加100个字，眼睛停留的时间增加了4.4秒，大约只看了18个字。也就是说，大部分人只花10秒钟看网页，不管这个网页多么精彩。

这个发现令家长感到非常忧心，尤其是现代人已经习惯了随时查看手机。一有信息进来，"叮"的一声，就会打断你的专心，这使大脑转换的成本更高。所以有人质疑学生在网络上究竟有没有真正在阅读？这个答案是没有的，网络浏览不但改变了我们的生活方式，也改变了我们的大脑。幸好大脑有很大的可塑性，当我们发现浏览不能够带来深思的时候，我们会改变策略，网络浏览时大致看一下这篇文章值不值得读，若值得读，我们会把它打印出来，在纸上一个字一个字地读，这才能真正地吸收。

有些网络阅读者会把相关信息用链接（link）标示出来，一篇文章内会含有很多链接，很多人看到链接就忍不住点进去看；这个链接中又链接其他的链接。因此，最后你可能回不到你原来的地方，你甚至忘记刚刚是读到哪里了。对学术性的文章，纸本阅读是必要的。但是在现代，因为信息太多，可能无法在有限的时间之内，学到该知道的东西，大脑因此会不由自主地慢下来，并动用所有的资源去了解它。

加州大学做了一个有趣的实验：实验者先给大学生的喉头贴上电极，记录他们喉头肌肉的运动，并用眼动仪追踪他们眼球的跳动及位置，然后让他们读报纸和爱因斯坦的《相对论》。结果发现读报纸时，眼球很平滑地扫过页面，喉头肌肉也没有动；但是在阅读《相对论》时，眼睛不时看向刚刚读过的地方，回顾意思有没有解释错，喉头的肌肉也动了起来——他们在默念，因为默念可以延长大脑处理的时间，帮助理解。受试者完全不知道自己的喉头在动，这是大脑启动声音来帮助阅读理解。初识字的小学生在阅读课本时，也会不自觉地发出声音，因为他们对文字处理尚未达到自动化的程度。

长期记忆有一个"深层处理理论"（processing

theory），处理得越深，记忆力会越好。写字帮助我们深度学习生字，这个实验是请第一组学生判断屏幕上的字，是英文的大写还是小写；第二组是判断这个字是不是押韵的；第三组是判断这个字的类别，是家具类还是花卉类，结果发现第三组的回忆最好。因为要判别类别，他就必须用大脑去想这是什么东西、是属于哪一类的，处理的层次最深，效果就最好。写字也是一样，我们会写这个字跟我们认得这个字，大脑的处理层次是不一样的，常常认得的字却不一定写得出来。

层次处理的效果在很多其他地方也可以看到。比如说，图片的信息比较多，看过的图片即使不特意去记，辨识力还有七成。如前面提到的给孩子20个词语，让他们通过写字和画图两种方式进行记忆的实验，实验结果表明，画图的那一组就表现得比较好，因为画的时候动用的层次要深些。

在3C产品时代，父母常问的另一个问题是：还要不要写生字？因为现在都是计算机打字，有人质疑只要能跟计算机沟通，计算机能辨识是什么字，就不需要真正去学写字了。其实真正要认识一个字还是要会写，在大脑处理层次上，回忆（recall）和识别（recognition）是不一样的，尤其中文有很多字形相似的字，失之毫厘，差之千里，认错会干扰阅读，会误解文意。

那么写字为什么一定要坚持固定的笔顺呢？因为笔顺是另外一条进入大脑的路。曾经有个中风的病人，他的脑叶受伤了以后，依然可以听写，虽然不能读他自己手写的字，却能用手在空中画那个字的笔顺，辨识出来那个字的意义。虽然他原先认字的神经回路断掉了，但笔顺是另外一条路，写字是肌肉的记忆，字写的次数越多，肌肉记忆越强。我们写信时偶尔不小心会把连接性高的另一个字错写出来，例如要写"花生"，但常常写成"花莲"，写到"花"时，"莲"就跑出来了。

我们谈过，主动才能够促进视神经元的联结。孔子说："学而不思则罔。"要学，还是得下苦功，天下无难事，只怕有心人，这是我对新时代电子学习的一些看法。

了解了大脑处理信息的方式，父母们就了解怎么去引导孩子阅读。科技是潮流，挡也挡不住，但大脑演化来学习的机制一时还赶不上3C的速度，说不定万年以后，会不需要纸本，但至少目前，纸本阅读仍不可少。

第 26 章

孩子生病了

——重视免疫系统

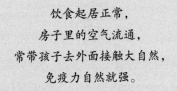

饮食起居正常，
房子里的空气流通，
常带孩子去外面接触大自然，
免疫力自然就强。

小孩特别容易发高烧，是很多家有幼儿的父母最烦恼的事。稍微感冒就烧到40多摄氏度，吓得父母半夜送医院挂急诊。好多父母问：小孩子是有什么特别吗？为什么长大以后就不会像这样发高烧？有的，现在就来跟大家解释一下。

　　我们的免疫系统在宝宝还在子宫里时就开始运作了。胎儿在成长时，身上会脱落一些蛋白质，他的免疫系统就会去攻击它，免疫系统必须先把这些会攻击自己的细胞清除掉，不然自己人打自己人很危险。像狼疮、类风湿性关节炎，就是免疫系统错乱的现象。我们为什么这么怕自体免疫的毛病呢？因为自体免疫的毛病无药可治，它不是细菌，它是你自己身体里的细胞，所以你不能用抗生素；而它也不是病毒，所以也没有抗体来抵抗它；它也不是肿瘤，你也切不掉。所以在胎儿发育的过程中，免疫系统的剔除能力非常重要，它必须在孩子还没有出生的时候，"大义灭亲"，把凡是会攻击自己细胞的免疫细胞清除掉，这样出生以后免疫系统就只会攻击外面来的细菌。

　　但是外面来的细菌有很多种，免疫系统怎么知道哪个是好的、哪个是坏的呢？我们身体里有很多的细菌是好的，比如说益生菌，我们肠子里有很多的细菌，住在我们的肠黏膜上头，帮助我们消化吃下去的纤维，肠子里的细菌还会合成维生素，供给我们身体使用。我们细胞中的线粒体，远古的时候它是种细菌，进入我们身体以后就跟我们一起共生。科学家利用线粒体去追踪人种的起源，因为我们身上的线粒体来自母亲的线粒体，父亲的精子在进入卵子的时候线粒体就掉了，所以我们身上所有的线粒体都是母亲的线粒体，科学家就利用这个线粒体找到了人种的起源。

免疫系统必须快速学会分辨敌人或朋友。不幸的是，这种分辨只能通过经验来学习。就好像我们初交朋友时，不知道谁好谁坏，没有办法从外表上来看，我们就只有跟他交往一阵子，从经验里去学习。上过当，就知道他不是好人，就不要跟他来往了。这就是为什么幼儿期发烧体温会比较高，因为一开始细菌进来，免疫系统不知道它是好的还是坏的，所以只好停下来先观察一阵子。当它一发现这是坏的，就马上火力全开，怕不全力反扑细菌坐大了，杀不掉会送命。因此，它得全力反扑，把等待分辨的时间赢回来，这时候孩子发烧就会比大人发烧体温来得高了。所以父母不要担心，这其实是他的免疫系统在全力捕杀入侵的细菌。

孩子发高烧的时候，父母首先要想办法把温度降下来，给孩子睡冰枕，或者是用温热的毛巾去擦他的额头和身体。因为发烧的时候，水接触他的身体会变成水蒸气，可以帮助降低体温。父母也可给孩子穿比较薄的衣服，但是不能让他光着身体。总之，就是想办法让他高的体温散出去，若温度持续太高会把神经细胞烧死。海伦·凯勒就是因为发高烧把视神经和听神经都烧坏了。中国人不太敢给孩子睡冰枕，但可以用湿毛巾把他身体的温度降下来。只是有一点绝对不可以做，就是穿很多的衣服、盖很厚的棉被把汗闷出来，这是非常危险的。很多孩子出生时，听力本来是正常的，因为发高烧以致变成聋子，造成他终生的遗憾，所以千万不可以"闷出汗来"。

我们的免疫系统有个惊人的记忆，即使过了几十年，如果这个细菌再进入身体，它还是会认得，并把其杀掉。这也是为什么有些疫苗可以终生免疫，只有少数需要若干年再接种一次。孩子小时候一定要去打疫苗，尤其是三合一的疫苗。三合一疫苗就是破伤风、腮腺炎和德国麻疹。母亲在怀孕的时候如果是德国麻疹患者，孩子生出来会畸形；如果小时候没有出过麻疹，长大时才出，有时会送命。腮腺炎也很厉害，它可能会使孩子失去生育的能力。

百日咳现在比较少。破伤风一定要打，因为细菌在地里面可以很久不死，孩子出去玩的时候，免不了会踩到生锈的铁钉，破伤风杆菌是会致命的。现在有一些谣言说打疫苗会使孩子得自闭症，这是错误的。现在已经找出"接种三合一的疫苗会导致自闭症"这个谣言的起源：英国有一个医生因为接受药厂45000英镑的贿赂，昧着良心开记者招待会散布了这个谣言。因为三合一的疫苗是幼儿期打的，而自闭症的症状正好在两岁左右显现出来，时间的巧合就使父母深信不疑。现在他被英国的医生协会开除，吊销执照，不能再开业了，所以这只是个谣言，家长可以放心让孩子去打疫苗。

但是，既然免疫系统有惊人的记忆力，为什么我们还会有所谓的过敏？过敏就是身体去打击自己的细胞，我们刚谈过，孩子在出生的时候，应该把不好的细胞都杀死掉了，为什么还会这样子呢？

现在有很多的理论在解释它，有一个叫作"卫生假说"，就是说现在的卫生条件比以前好太多了，所以孩子比过去接触到的细菌少了很多，我们的免疫系统没有很多机会接触这些不好的细菌时，它学习的机会变少，抗体也就跟着变少了。所以很多医生认为，孩子小的时候不妨让他养一些宠物陪伴他，一方面培养孩子的爱心和责任心；另一方面也是增加身体的抗体，让他的免疫系统见识到各种不同的细菌，以后就很容易分辨敌友，不会造成伤害了。

在印度或其他一些发展中国家，如果卫生条件不好，游客常常会腹泻。明明是跟当地人吃一样的东西，但是外地人腹泻，本地人却没事，这就是本地人的免疫系统已经很熟悉这些细菌，这些细菌已经跟他们共生了。古代南方有很多的瘴气，外来的人容易因此而死。其实瘴气就是空气里面的一些有毒的细菌，如果是从北方来的人，身体里没有这个抗体的时候就会生病，甚至死亡。而在四川、湖南这些湿热地方生活的人，偏爱吃很多辣椒，因为辣椒里面有辣椒素可以抗菌。

最后，婴儿为什么不可以一出生就打疫苗？一出生就打疫苗不是更好吗？为什么等到三个月大以后才打呢？那是因为他的免疫系统还没有准备好，还分不出哪个是好的、哪个是坏的，太早打了没有用。我们知道空气里面本来就有很多的细菌和病毒，我们只要饮食起居正常，房子里的空气流通，常带孩子去外面接触大自然，免疫力自然就强了，就不用担心孩子会常常生病了。

第 27 章

兄弟争宠

我们关心孩子的心，
其实比照顾他的身体更重要。
要孩子帮忙做事，
切记先说谢谢，
再教他怎么改正，
使他做得更好，
这样孩子下次自然还乐意再帮你做。

兄弟争宠的时候怎么办？有两个或以上孩子的家庭，这是个免不了的事情。因为老大是独生子的时候，他独享父母所有的注意力，当弟弟或妹妹出生了，父母的注意力被分掉了，这时老大一定会不满意、觉得委屈，他希望你知道他的存在，若你还是没有把注意力分到他身上，他就会去打弟弟妹妹来报复。如果没有好好地处理的话，他们不但每天大哭小叫，还会影响兄弟间的感情。所以我们必须了解行为背后的原因，处理起来就会简单许多。

比方说，以前哥哥跟妈妈讲话，妈妈都会蹲下来说："你要跟我讲什么呢？"还会念书给他听，而现在妈妈最常跟哥哥讲的话变成："不要吵，你没有看到我在忙吗？"哥哥被骂了以后，会很生气，这个气自然怪罪到弟弟的头上。他甚至会想，若弟弟不见了，那么妈妈就完全是我一个人的。所以一旦了解他行为的来源，不要去责罚哥哥"你为什么要去打弟弟、你为什么……"他是忌妒，我们要做的就是想办法化解他这个忌妒心。

比如说，哥哥三岁、弟弟一岁，哥哥打弟弟，弟弟哭了，这时我们先给弟弟一颗糖、一块糕止哭，因为孩子哭，大人会心烦，心烦火气会上来，跟哥哥讲话就不会有好的语气。

至于为什么给弟弟一颗糖、一块糕就能止哭，在前面的章节已有论述。孩子哭的时候，他的气管是打开的，如果给他东西吃，那么会厌软骨就得盖住气管，食物才不会进到气管去，因此他就不能哭了。

弟弟不哭后，妈妈就把哥哥带到房间，把门关起来，门为什么要关着呢？因为我们不能让弟弟看到哥哥打自己后，还有糖吃。所以你把哥哥带到房间关上门后，也给哥哥一颗糖，然后跟他讲："我知道你为什么要打弟弟，你以为妈妈不要你了？其实不是妈妈不要你，而是妈妈忙不过来，你看妈妈只有两只手，而且你也大了，很多事情可以自己做了，对不对？如果你可以帮助我照顾弟弟，那么你帮我节省下来的时间，我会用回到你身上。"这个方式很好，因为孩子其实很愿意帮你做事，他有用不完的精力，你差使他去拿东西，他可以跑得很快，尤其当你把时间用到他身上时，那简直是他求之不得的事情，他要的就是你的注意。

安抚了哥哥以后，出来就要跟哥哥说："现在弟弟要换尿片了，你去浴室帮妈妈把尿片拿来。"如果你家里每样东西都放在固定的地方，孩子就能够帮你做家事的。哥哥把尿片拿来了，你就很高兴地说："好，你帮我做了这件事，今天晚上我帮你多念5分钟的故事书。"每次他帮你做了事情，你都要说那我今晚再多帮你做什么事情给你奖励。

你可以在冰箱门上贴个条子，上面写着哥哥帮你做事的奖励：换尿片多念5分钟故事书、拿痱子粉多念5分钟、陪弟弟玩多念10分钟……到晚上要睡觉时，你把哥哥带到冰箱前说："来，我们来加加看，今天你帮妈妈省了多少时间，妈妈现在要把这个时间用回到你身上了。"你一方面教他数学，另一方面让他知道妈妈要兑现诺言了，他会很高兴。这时候你也不用催他去洗澡、换睡衣，他会乖乖地把一切都快快做好，因为妈妈要来讲故事了。

要注意大人的话一定要兑现，而且一天里面，妈妈要花一些时间，把注意力专注在哥哥身上，让他真的感到你没有忘记他。这样你会发现老大会很认真地帮你照顾老二，他会不停地无事找事，然后跟你说妈妈你看，我替弟弟做了什么事情，我又替弟弟做了什么事情。如果从小就养成哥哥照顾弟弟的习惯，两人相亲相爱，将来到了学校，有人欺负弟弟时，哥哥一定会跳出来去保护弟弟。所以只要知道问题发生的背后原因，事情就容易处理了。

有时候孩子会故意做坏事惹你生气，你若知道他的目的是引起你的注意，那你就不应该生气。英文说 "Squeaky chair get soil."，会吱吱叫的椅子就有人去给它加点油，会吵的孩子就会有糖吃。所以他故意做坏事来引起你的注意，这时只要给他你的注意力就没事了。

在班上我们会看到老师问问题时，很多孩子会举手。若这个孩子一直举手老师都不叫他，他就会故意把东西碰到地上发出声响，这样老师就看到他了。这是故意的行为，我们本来对这些行为会很生气，要处罚他，但知道他是为了引起注意就不必生气，赶快叫他起来回答问题就好了。很多孩子都渴望老师的注意，老师不可以嫌贫爱富或只喜欢长得好看的孩子，一定要公平地给每个孩子一个机会，也让孩子发表一下意见。若孩子争宠是为了得到你的注意力，那么只要把你的注意力平均分到孩子的身上就好了。

我们关心孩子的心，其实比照顾他的身体更重要。孩子有的时候做事可能不如你的意，不要不分青红皂白就骂，你只要做给他看就好。三岁以下的孩子真的不要骂，因为骂他于事无补，只会使他害怕。这个年龄还有很多事情他不太理解，为什么大人可以做而他不可以？或是手的肌肉还未成熟，拿不稳东西而把东西摔破，但是你做给他看的时候，他大脑的镜像神经元就会模仿，下次就会了。

　　我们在实验时看到孩子挨骂的时候，表情很紧张，紧张的时候，他的身体会释放压力激素（皮质醇），这会损伤他海马体的神经元。这时他瞳孔放大、大脑一片空白，反而学不进东西。所以教孩子不可以先骂，如果他做了你交代的事，你称赞他、鼓励他，他会很开心，下次还会帮你做；但是如果他做了，最后得到的是责骂，那他下次就一定不肯做。要孩子帮忙做事，切记先说谢谢，再教他怎么改正，使他做得更好，这样孩子下次自然还乐意再帮你做。

第 28 章

网络时代仍需懂得应对进退

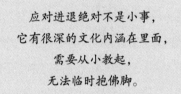

应对进退绝对不是小事，
它有很深的文化内涵在里面，
需要从小教起，
无法临时抱佛脚。

父母如何教孩子应对进退的礼节呢？很多人似乎不在意孩子这一点，认为童言无忌，大人不该去计小人过。其实教孩子恰当地说话是一件很困难的事。有人说，我们花两年学会说话，却花了一辈子时间学习不要说话。小孩若是说了不得体的话，听的人心里一定不舒服，甚至认为小孩子讲的是真话，一定是在家里听大人讲了他才会讲的，误会会使大人的友谊变色。一般父母都非常在意孩子在外的表现，现在虽然比较随便了，但是因孩子出言不逊，导致父母、亲友反目的例子还是不少，所以特别提出来谈一下。

　　话说得好，可以化干戈为玉帛。我们小时候读《鲁仲连义不帝秦》，就是一个很好的例子。或许有人说，现在都是远距上班，不必跟人接触，会做事就好了，为什么还要会说话呢？其实当人与人的接触不再是面对面，缺少了面孔表情的帮助时，说话才更重要。一句不得体的语言会引起误会，使得到手的机会流失或原有的商机被取代。很多国家的语言有敬语，代表着辈分与尊敬。我曾看到因敬语用得不对，使合作破裂，也看过因主办人在开会座位的安排上忽略了辈分，而使当事人不快，拂袖而去。所以应对进退绝对不是小事，它有很深的文化内涵在里面，需要从小教起，无法临时抱佛脚。

李光耀在2000年卸任前的最后一场演讲中说："21世纪的新加坡国民必须有快速吸取信息的能力，以及正确表达自己意思的能力。"他特别强调正确表达能力的重要性。他说新加坡没有自然资源，他们最大的资源就是人才。眼睛阅读虽然比耳朵听快了三倍，但正确表达，不让人误解更重要。中国有句俚语"煮熟的鸭子飞上天"，非常传神。所以新加坡提倡在每年的4月23日世界读书日，从政府到老百姓都要阅读，而且一定会举办演讲比赛，训练人们的说话能力。

话要说的得体，除了语言表达能力好，还需要这个人本身的人文素养。比如，察言观色的能力和知道什么时候发言。孔子说："言未及之而言，谓之躁；言及之而不言，谓之隐；未见颜色而言，谓之瞽。"知道什么时候可以张嘴说话是一门大学问，很多人一辈子都不见得掌握得好。对孩子来说，第一要教的就是不可以插嘴，要耐心等别人把话讲完。这一点父母要特别注意，适时说话是应对进退最重要的一环，父母可常带孩子出去应酬，练习如何大方地回答别人的问题。

另外就是懂得打招呼、称呼人。打招呼是说话的第一步。比爸爸年纪大的称伯伯、小的称叔叔；跟自己年纪差不多的称哥哥、姐姐；与母亲同辈的，统称阿姨就可以。主要是告诉孩子说话之前，先把那句话在心里讲一遍，神经回路多走几趟后，就容易把话说得干净利落，让别人听得懂。

对谈除了言之有物，还要让别人接得上话，可以对谈下去。说话时多说"你"，少说"我"，多用"我们"，少用"我"。说话最忌都是"我，我，我"，语言学的研究发现人喜欢说"我"，每16个字就有一个"我"，"我"是"你"的三倍。这是很多人的通病，因为人多半以自我为中心，喜欢表现自己。这种说话方式令人讨厌，要学会留一点时间给别人，让别人也有说话的机会。我听过有人说，他不跟某人一起吃饭，因为全场除了这个人的声音，别人都插不进一句话。

西方人从小就训练孩子在大家面前发表意见，包括怎么样问问题、怎么样讨论问题。西方的父母也从小教孩子社交方面的礼仪及禁忌。比如说，不可以问女生的年龄和体重，不可以说让人难过的话：你好胖、你好丑。他们虽然讲究诚实，但很多时候是宁可说谎，这叫善意的谎言（white lie）。如何说善意的谎言而不让人起鸡皮疙瘩也是一门学问，是只可意会不可言传的诀窍。

如果可以，跟小孩子讲话时尽量蹲下身子，与他四目相对。因为眼睛是灵魂之窗，人的情绪从眼睛可以了解，孩子年纪小，嘴巴常词不达意，逼急了会哭，所以跟孩子说话要耐心地猜，才能理解他想要说什么，帮助他厘清思绪表达出来。

孩子最常做的一件事就是当你在忙，他坚持要引起你的注意，不断地打断你说话。这时，你可以蹲下来，看着他的眼睛，告诉他，你一做完手边的事就立刻听他讲。我们前面说过，不能让孩子觉得全世界都围着他转，但是一旦他觉得被尊重时，就不会继续吵闹。

我们大人也要做榜样，尊重跟你讲话的人，不要频频看手表、看手机或语气急促，这会让对方觉得你不重视他，你不想跟他讲话。所以专心聆听不但会让孩子得到受重视的感觉，对朋友也是一种礼节。人的大脑里有个生理时钟。比如说，我们常在闹钟响之前醒来，所以你可以感觉时间过了多久，若是你觉得可以结束谈话了，这时你可以看看手表道歉说："对不起，后面还有些事情，我们下次再谈。"古人有个很好的方法就是端茶送客，如果主人觉得谈得可以了，就把茶端起来，对方就要知道该站起来告辞了。

得体的说话方式，可以表现出你的修养和风度。蒋廷黻曾担任驻联合国的大使。有一次，苏联代表咆哮会场，对其恶言粗语相向，辱骂蒋廷黻是"僵尸""垃圾堆里的蛆虫"，蒋先生不慌不忙地回答说："我很容易用苏联代表骂我同样的声调和字眼来反骂他，但我避免这样做，因为这不合我们关于尊严、说话分寸和礼貌的概念，倘若我用同样的语言来反骂，我们的人民会感到惊讶，怎么我在联合国工作这么久之后，竟变成野蛮人了？"这句话回答得非常好，最高级的骂人是不带脏字的，蒋廷黻很有学问，腹有诗书气自华。

孩子在学校不免会跟同学起纠纷，别人可能会用脏话来辱骂他。这时要告诉孩子，人可以选择自己的标准和风度，不降低自己的身份与他一般见识。如果狗对你吠，你也对他吠，人家就不知到底谁是狗了。教孩子在这种情况时要回答说："你讲的这些脏话不符合我的家教，我不接受，请你原封不动拿回去。"因为人家来送礼，我们有权利不收，不收时，就全部退还，自己不动怒，不伤身。家长可能觉得这太难教了，其实我看过好几个例子，都是小学生，处理得很好。只要自己不动怒，对方就拿你没辙。

俗语说："世事洞明皆学问，人情练达即文章。"无论你走到哪里，都是会做人比会做事更吃香，只要在日常生活中多注意孩子的言行，自然可以教出人见人爱、有礼貌的好孩子。

第 29 章

男女性别差异

教男生、教女生要不一样，
因为他们的偏好是不同的，
偏好不同时，看到的东西就不同。
知道孩子天性上的不一样，
因材施教，效果自然就好了。

由于男生与女生大脑的结构不一样，所以很多方面，尤其是情绪的管理不太一样。因此，父母教养男生与女生的方式也就应该有所不同了。

男女大脑在结构上的确不一样。2004年，一位神经学家把三十个不同部位的大脑切片，送去给不知情的其他神经学家，请他们判断这是男生的脑还是女生的脑。结果他们都100%正确地判断出来，这些不同结构的大脑造成男生女生行为上的不同。

例如同样是四岁幼儿园的小朋友，女生会用红色、黄色等非常鲜艳的颜色，画苹果、房子、妈妈、洋娃娃；男生会用黑色、咖啡色画汽车相撞、小人打架、火箭上月球……一部分原因是他们视网膜上的感光细胞有所不同。东西落在中央凹上时，我们的视力是最好的。处理颜色的视锥细胞（cone）中，长波视锥细胞（L-cones）和短波视锥细胞（S-cones）在女生中比例较高。男生多的是像棍子一样的视杆细胞（rod），是负责处理黑白对比、形状的。因为视杆细胞对于会动的东西比较敏感，所以男生对于会动的东西比较感兴趣，例如：对跑马灯的喜好是女生的两倍。女生天生就对于脸和物体有比较多的兴趣，所以男女生一个画"名词"，一个画"动词"。

性别差异是天生的。实验者给在实验室里面长大的猴子卡车和洋娃娃，结果发现公猴会很自然地去玩卡车、汽车，母猴会去玩洋娃娃，对于中性的东西它们两个都会去玩，因为这些猴子在实验室长大，是不可能受到社会文化的影响的，所以这个性别偏好应该是天生的。

人类胚胎的原型是个女性胚胎，如果这个孩子是男生，有XY基因，那么在怀孕六到八周的时候，他大脑里面会分泌男性激素。这个男性激素出来之后，就会把大脑设定成男生的脑，是区块性的（compartmental）。女生的脑是扩散性的（diffuse）。就像说话时，男生只有左脑前区活跃，女生是两边都有活跃，只是左边多于右边。

女生因为有卵巢（微小青春期），激素会一直分泌到孩子出生后两岁，而且浓度跟成年女性的浓度是一样的，所以女生在语言能力上比较早熟，她的观察力、沟通能力还有同理心都比男生强。所以有人说女生比较适合做人资部的主任，因为她们对情绪比较敏感，语言能力也比较强，比较适合安抚员工的情绪，大事化小，小事化无。

智力测验分语言能力和空间能力两部分，在语言能力上有一个叫作词汇流畅性的测验。即一分钟之内，把

"a"开头的、"b"开头的、任何一个字母开头的字尽量讲出来，结果女生明显比男生好，大约一分钟可以讲到二十个；男生的话，讲了五六个就讲不出来了。但是男生在空间能力上是比女生好的，因此老师布置作业时，可以针对性别差异设计不同的作业。

我的孩子在中学念七年级的时候，一开学老师就把我们家长找去，告诉我们，班上这学期要读十四本经典好书。包含每个宗教、每个种族要各读两本，还有一本书叫作《蝇王》，是1984年诺贝尔文学奖得主戈尔丁（Golding）所写的一本书。

老师说他有二十年的教学经验，他知道男生跟女生读完这本书，写出来的报告是完全不同的。为了使男生把书读进去，他布置的作业也会不同，叫我们家长不要怀疑他偏心，因为孩子回家一定会跟家长讲说："妈妈，我的老师不公平，他对谁谁谁比较好，对我比较不好。"有些家长听了就会生气，甚至会去找老师的麻烦，但是先讲了，提前打了预防针，那么家长就会了解这是老师教学的设计。

美国的孩子一般是不买书的，都是跟图书馆借，但不能在书上用圆珠笔写，只能用铅笔写，学期末了以后把铅笔痕迹擦干净，再把书还回去，让下一个人可以再用。我觉得这方法很好，资源回收不浪费。我的孩子把书抱回家以后，我看到他把书打开来，先看谁是好人、坏人，再看这个坏人有没有死掉，如果有死掉，就去看怎么死的，但是如果没有这些，他就把书放下了。我记得那一年他们要看的一本书叫作《小妇人》，女生都觉得很好看，但是我儿子就是怎么样都看不下去，最后来跟我讲："妈妈，我替你洗厕所，你帮我念这本书。"男生、女生在这方面差异真的是很大。

有一天放学回家，他非常高兴地说："妈妈，我们老师对女生不好，她们要写读书报告，我们男生不要，我们只要把这本书看完做个模型交上去就可以了。"我就知道是老师讲的《蝇王》来了。

接着他把四个男生约到家里来，把我泡茶的茶盘拿出来，将一卷卫生纸丢到水里面去然后捞出来，就做成一座岛的模型了。他们把书打开一看，没有地图，所以得看书寻找信息，学生也很精，这本书二百页，我们为什么要每个人都看？把书分成四部分，每个人只看五十页就可以了。看的时候，他就看得很仔细了，因为要画坐标，不能够像以前一样随便跳过去。

看完了以后，他们又聚在一起讨论做岛的模型，这时候就发现有矛盾的地方，因为这本书不是给你做地图的，作者写到后面就忘了前面写了什么。看前面的人说："水源在西边，因为他早上去找水，太阳从东边出来，影子朝西。"后面的人说："不对不对，我看的不是这样子。"所以他们就变成前面要看后面的，后面要看前面的，来来回回看了三遍以后才把地点决定出来。令人惊讶的是他们的模型交出去以后，还是非常高兴，觉得老师对他们比较好，没有叫他们写报告。这就是老师厉害的地方，叫学生做了而他不觉得自己在做。

这种方式最大的好处是什么呢？因为他是真正动脑筋去读的，所以有读进去。十年以后，我孩子已经去美国念大学了，台湾的出版社要把《蝇王》这本书重新出版，请我写推荐序。我就想起以前这件事情，打电话去问我儿子说："你还记得《蝇王》这本书吗？"他的第一个反应是他不喜欢这本书，可是你问他里面的细节，他通通还记得，因为他是真正动脑筋去读的。

所以教男生、教女生的方式不一样，因为他们的偏好是不同的。偏好不同时，看到的东西当然不同。你会发现夫妇二人去逛街，太太看到的都是衣服，先生看到的都是运动器材或美好的槟榔摊[1]，所以如果能够知道孩子天性上的不一样，因材施教，效果自然就好了。

第 30 章

孩子如何直面霸凌

家长只要看到孩子恐惧上学，
就一定要仔细地问出来为什么，
并替他解决这个问题。
家长平日要教孩子社交的技巧，
并沙盘演练。
出其不意常可以制胜，
跟同学和睦相处是最重要的。

霸凌是个很不好的事情，但是我们在成长的过程里或多或少都有碰到。一般来说，个性内向、易焦虑、没有朋友、常落单的孩子，容易被人霸凌。

霸凌别人的人可分为三种：第一种是他去欺负人家，把他自己的怒气发在别人身上，打别人来出气，这种孩子长大成熟一点以后，知道这种行为是社会不接受的，会被同伴看不起的，为了交到朋友，他这方面就会收敛一点。第二种，是很有自信心，但没有同情心的人，在学校里常会看到这种功课很好，认为自己很强所以看不起弱者，会去霸凌比他弱的人。第三种是最糟糕的，就是他霸凌人家，但回到家时，他又被比他强的人霸凌。例如：父母、哥哥或是住在家里比他高大的人。这种情形最糟糕，因为心态的不平衡，以后很容易出现心理上的毛病。这种孩子多半在学校里是功课不好，情绪控制也不好，长期的心理不正常，才形成精神上的疾病。所以在研究中看到，第三种人长大后容易罹患抑郁症、焦虑症或有自杀倾向。

有一个研究是给这三种类型的孩子看学校里一个孩子被同学霸凌的短片，看完时让他们讲出心里的感觉。结果发现所有的孩子都对被霸凌的孩子表示同情，都说霸凌很不好，应该有人出来主持正义。第二种霸凌的人，虽然觉得霸凌不好，但是他觉得这些人活该，谁叫他们那么弱，不会起来反抗？最糟糕的就是第三种，自己霸凌人家，但回家也被别人霸凌，这种人一方面觉得霸凌不好，另一方面又觉得谁叫他很弱，活该。但是他马上会想到，他自己也是被他的哥哥打，被他的爸爸、继父、叔叔、母亲的情人打，那这是不是表示他就是弱者，应该被打？他在这里会有情绪上、认知上的不平衡，就像社会上一直看到欺软怕硬、柿子拣软的吃的不公平现象。

那么，父母应该怎么办呢？我还在加州大学的时候，我们所里面要聘请一位老师，来应征的人很多，最后有三个人进入决选。其中那位名校毕业、学术表现最好的第一名，大家没有投票给他，而投给了学术表现不是那么好，但是人缘好的第二名。因为在面试的两天里，他跟所有人都有说有笑，所以大家最后决定找一个可以共事的人，就投给了他。

有一天，我们吃饭的时候，他自己说"我在十四岁以前住过美国十六个州"。我们听了很惊讶，这表示他在不停地搬家，有一个嘴巴比较快的同事就说："你爸一定是赌徒。"因为在美国，会不停地搬家的，多半是躲债、逃避法律制裁的人。我们都很吃惊这个人说话没礼貌，想不到他没生气，直接说："对，我爸就是赌徒，他每次都发誓：'我若再赌，就把手砍掉！'可是他每次都还是继续赌，别人来讨债时，就只好连夜搬家，所以他每个地方住不了几个月就得搬。"有人问他："如果你不停地搬家，为什么你没有像我们一般看到的，每进到一个新环境时，会被别人霸凌呢？"他说，他的母亲非常能干，每到一个新的地方就替他组织一个小小的聚会（party），在美国开聚会很简单，买一些汽水，烤一些蛋糕和饼干就可以了。他母亲会把附近的孩子都请来，仔细观察谁是这个小区的孩子王，看准了以后，就去跟那个孩子说："你只要每天早上上学时到我家来，带我的孩子一起去上学，我就每天烤一个巧克力饼干给你吃。"对美国孩子来讲，走路去上学，绕一点路不会有什么问题，但是有新烤的饼干可以吃，他就会来家里带这个孩子一起去上学。

你知道，当你是个新生进入一个新的环境时，别人会捉弄你、歧视你，但是若你是跟着老大一起进来的，别人不知道你跟老大的关系，就会让你三分，所以他很快就融入了新的社团。

在美国最大的考验是在吃午饭的时候，因为人缘不好的人，通常没有人会跟他一桌，要独自吃午餐。而他和老大一起坐，旁边一定有追捧老大的同学，他就从来没有单独吃过饭。

我们也很好奇，一般来讲，孩子换到一个新的环境会没有安全感，为什么他不会？他说他母亲每次搬到新的公寓时，第一件事就是把缝纫机拿出来，把窗帘换成跟他的床单同样的花色，就是星际大战的图案。美国孩子都喜欢星际大战这个电影，他母亲买了整匹布来做床单和枕头套，并且把新的窗帘挂上去，因为窗帘是一个房间里最大的装饰，孩子常常睡到半夜会醒来，醒来的时候如果是一个陌生的环境，会心生恐惧。但是孩子醒来，睁开眼睛是个熟悉的图案，他就会再回去睡觉。他的母亲并非心理学家，却了解孩子需要安全感，很多小孩子要抱着已经破旧的洋娃娃，或者是拖着一条小被单不放手，那就是需要安全感，他的母亲用这个方式就维持了他的安全感。

所以一个孩子在成长的过程里，如果对自己很有信心，能交得到好朋友，那么他在班上就不容易被别人霸凌。中国的俗语说"单丝不线，孤掌难鸣"，是有道理的。

假如你的孩子是个转学新生，第一天去上课，别人要来惹他的时候，你要教孩子的第一件事，就是直视那个人的眼睛，对他说："我不犯你，你不犯我，如果你来犯我，我必犯你。"要让别人知道他是不可以被欺负的。

我有个同事的孩子转学到一个新的学校，有人扯他的书包、丢他的书本。他就一把把那个人领子抓起来，直接把那人推出去，直接反抗。

说起来，这个孩子个头小，真要打架，他是打不过那个人的。可是对方很惊讶，没有想到这个新来的小子，居然不接受人家的欺负，一时未准备好，便被推了出去，后来别人也就不去惹这个孩子了。

也有位朋友的孩子一学期换了三个书包，因为总是有人把他的书包拿来当球踢，或剪断书包带子。刚开始，这个朋友想说"退一步海阔天空"，以和为贵，想说算了，息事宁人。但到了第三次的时候，他觉得不可以再姑息下去了。他请老师找了对方的家长来，要对方赔一个新书包，幸好对方的家长也懂事，回去约束自己的孩子不可再犯，后来就没事了。所以一开始就要让对方知道，自己是不可欺负的，不然食髓知味，别人看你好欺也来欺负，就没完没了了。

不论对方的家长怎么凶，你一定要替你的孩子出头，让对方知道你不可以再欺负我的孩子，孩子也要在第一时间让对方知道，我就是打不赢，也不会让你欺负。

所以家长只要看到孩子恐惧上学，就一定要仔细地问出原因，并替他解决问题。家长平日要教孩子社交的技巧，并沙盘演练，一旦事情发生的时候，这个沙盘演练过的效果就会展现出来。不管对方多高大，出其不意常可以制胜，在班上能交到好朋友，跟同学和睦相处是最重要的。

第 31 章

如何培养责任心

培养责任心的第一步是划分权限，
责任区划分清楚，
孩子去执行就不会有纠纷。
一个行为要持续，
还得孩子认同这是他应该做的，
维持一份好的友谊也是一种责任。

我们评估一个孩子长大了没有，通常是看他能不能为自己的行为负责。比如说，自己的功课自己做，自己的房间自己收拾。

责任心是社会对一个成员的基本要求，一个好的公民须了解自己职位上应负的责任。当兵的，有保护国家的责任；做老师的，有教育学生的责任；做官的，有为人民谋福利的责任……最有名的一句话便是1805年特拉法尔加海战中，英国海军中将纳尔逊（Nelson）的那句"England expects that every man will do his duty."（英格兰期盼人人都恪尽其责。），这句话唤起了英军的责任心。最终他们以寡敌众，27艘英舰对上33艘法国和意大利的联军战舰，结果对方沉了22艘，英舰一艘也没沉。

责任心看似简单却很难教，不然也不会有"好汉做事好汉当"这句话了。很多人平时看似好汉一条，但是一旦闯了祸，马上变回小孬孬，逃回家去找父母保护。那些酒驾肇事逃逸，逃回家中找别人顶替的就属于这种人。而且社会上这种人很多，所以我们提出来谈，免得积非成是，让孩子以为这种行为是正常的。

在21世纪，社会对责任的要求比过去更多，因为现在的网络世界，计算机犯罪的花样防不胜防，一不小心，就会给自己或公司带来灭顶的灾难。曾有一个犯罪集团利用英文字母不同字体（font）的稍微差异，将网址中英文的某一个字母更改，这很难察觉，但对电脑来说，不同字体便是另一个账户，负责汇款的人没有看出英文字母上的差异，而将款项汇入错误的银行账户，使对方诈骗得手。

工作中不但要求尽责，还要求当责（accountability），讲求效果。也就是说，过去做一天和尚撞一天钟就够了，人坐在办公室，长官来点名，人到就算负责了。但现代是不够了，不但要撞钟，还得确定钟有响，不只是去邮局寄挂号信，还得确定对方收到才行。最近台铁几次重大车祸，死伤无数，出事原因令人感叹，因为它是可以避免的，事件的发生就是俗语说的："螺丝松了，螺丝掉满地。"是该负责的人没有尽到他的责任。父母一定要从小培养孩子的责任心，他长大后才能成为有用的人。

培养责任心的第一步是划分权限，责任区划分清楚。孩子去执行就不会有纠纷，否则老实的多做，灵巧的乘凉，会造成三个和尚没水喝的现象。而责任的分配要刚刚好，不能超越孩子的能力。《菜根谭》中说："攻人之恶毋太严，要思其堪受；教人之善毋过高，当使其可从。"

要求太高，孩子达不到目标，他会因失望而放弃；要求太低，做跟没做没差别，就失去意义了。

要持续一个行为，这个行为必须能为孩子带来成就感。我看到一个妈妈，饭后在桌上切水果，每切一块，她三岁的宝宝便会拿去先给沙发上的爷爷，再给房间里的奶奶、写功课的姐姐，最后他才自己吃。每个人都向他道谢，所以他做得很有成就感，很开心。这一方面是训练责任，另一方面是教了他长幼尊卑。我知道这个孩子长大一定是个知伦理、有责任心的人。

父母还要告诉孩子，享有权利，就必须尽义务，使他心甘情愿去做。若孩子不甘愿，需要大人每天催促，这就会破坏家庭气氛。很多孩子没有培养出责任心，因为父母没有彻底执行考核，没做好也没关系，这样自然就怠惰了，目前所看到的很多遇事就逃避的现象，就是因为孩子小时候闯祸了，父母出面善后，没有养成他面对自己过失，坦然接受行为后果的惩罚，例如打破了别人家的玻璃，父母没有让孩子从零用钱中拿出来赔，慢慢就养成闯祸没关系，反正父母会处理的不正确心态。

在执行上有一些细节父母要注意，父母要先示范给孩子看，让他知道做到什么地步才算通过，然后彻底考核他的工作。只要一开始考核得详细，孩子会很快学会这个标准作业程序（SOP），以后就不再需要大人来检核了。另外，当孩子做不好时，不能先开骂。曾有一个五岁的小男孩不小心打破了鸡蛋，用人正要来收拾时，母亲阻拦了，母亲并没有骂孩子，因为孩子手小握不住鸡蛋，他不是故意的。母亲对孩子说："当一个东西比你的手掌还大时，你要用两只手握着。"这样教导就可避免这个情况不再发生，因此教导比责骂重要。然后跟孩子说："你弄脏了地板，你现在要把地板弄干净，因为用人阿姨今天已经清理过地板了，这次的脏不是她的责任。"因为母亲是好好地讲，没有骂，孩子就不会因害怕挨打而先哭，或先找理由说地板太滑害我摔跤，或是别人推我害我松手……而推诿责任，他乖乖地拿纸巾把蛋黄、蛋清包起来丢掉。

所以孩子会说谎逃避责任，主要是怕挨打，以为"把它扫到地毯下面"，别人看不见就不知道，自己便不会挨罚了。因此，父母训练孩子负责时，一定要让他知道人都会犯错，只要不犯第二次错就没有关系，告诉他只要从这个错误中学到经验，这个错就没有白犯，他就敢负责了。

爱因斯坦说过，一个从来没有犯过错的人，就从来没有尝试过新的东西。其实，只要不打骂，孩子是不愿意说谎骗人的。他们会说谎，主要是怕挨打，而这要怪父母，因为很多父母会说只要你讲实话，我就不打你，但是孩子一讲实话，巴掌就下去了。上过一次当，第二次他就不再相信父母的话了，免得皮肉遭殃。

除了允许孩子犯错，还要让他知道唯有面对事情才可能解决问题，因为只有面对，才知道错在哪里，才能找出补救方法。所以养成孩子负责任的态度，第一是让他知道哪些是他应该负的责任，确定责任的大小是在他能力范围之内；第二则是奖惩分明。

除了做事情上的责任，维持一份好的友谊也是一种责任。请告诉孩子人道酬诚、言而有信很重要，不随便答应自己做不到的事，也不要交不诚实的朋友。如果孩子喜欢某个人，而那个人不想跟你的孩子交朋友时，要教孩子不可用糖果、礼物去买友谊，友情不可勉强，教他另外找朋友玩。

人的一生必须扮演各种角色，每种角色都有它特定的责任，因此从小教导孩子如何去面对责任，他一生都会受用不尽。很多人不喜欢美国的杜鲁门总统，但是我很欣赏他，因为他办公桌上有块木牌上面写着"The buck stops here"（责任到此，不再推卸）。

一个负责任的人，不管他是谁都值得尊敬。

第 32 章

兴趣和天赋

家长对孩子的支持是非常重要的，
每个孩子都有天赋。
我们要做的就是放手让他去做，支持他。
世界上只有一种成功，
就是以自己喜欢的方式去过一生。

怎样知道孩子的天赋和兴趣在哪里？天赋和兴趣是一体的两面，有天赋的事孩子会做得好，做得好就有自信，就容易产生兴趣；有兴趣一直做下去就离成功不远了。就是这个道理，所以父母都想尽早知道孩子的天赋是什么，才好去培养他，使他成功。

但是孩子太小，还不知道他的天赋和兴趣是什么，等不及的父母便送他去各种不同的才艺班，看看最后留下来的是哪一种。这种淘汰方法会浪费很多时间和金钱，而这些时间本来可以让孩子去游戏，或留在你的身边，学习你的待人接物，尤其是游戏，对孩子大脑的发展很重要。所以上述方法实在不可取。那么，要怎样才能知道孩子的天赋是什么呢？

我们只要去观察他平常游戏时玩的是什么就知道了。孩子在游戏的时候通常不会选择让他产生挫折感的项目，一定是去玩他最拿手、最能给他自信心的东西。所以你只要注意孩子玩什么游戏时最全神贯注，那肯定就是他的兴趣所在了。

过去的教育着重在取长补短，要孩子改正短处，其实这种观念是错的，因为所有人每天都只有24小时，如果你花大部分的时间在改正孩子的缺点和弱点上的话，你会流失很多亲子之间快乐的时光，使你很辛苦，孩子也很不快乐，一个整天在花园里面拔草的园丁，是种不出美丽花朵来的。

心理学以前的研究是着重在变态或精神的疾病上，为什么会突然转变呢？这跟被称为正向心理学之父的马丁·塞利格曼有关。有一天，他带五岁的女儿在院子里拔野草，因为美国人非常在乎门口的草皮绿不绿，贵为教授的他也只好蹲下来做工。但是要小孩子做这些无聊的工作，当然是边拔边玩。马丁看到女儿拔了一棵蒲公英种子在那儿吹，就非常生气，因为蒲公英的种子像棉絮一样到处飞，落下去以后会长出无数的蒲公英来，拔草就是要除掉这些野草，这样吹种子，不就长出更多蒲公英来吗？所以他就开骂。

他的女儿静静地听着爸爸骂，没有讲话，等他骂完了以后，孩子说："爸爸，你有没有想过，你每天骂我、纠正我的错误，我长大后，最了不起不过是一个没有过失的女孩，但我也会是一个没有长处的女孩，因为你从来没有看到我的长处在哪里。"马丁非常吃惊，他从没想过，当我们一直在补足孩子的缺点时，却忽略了孩子的优点，即使最后孩子成为一个没有缺点的孩子，但是他也没有任何的优点，因为他没有时间去发展他的优点。所以他就转去研究正向心理学，看什么可以使人快乐、有成就感。

每个孩子都有自己的天赋与能力，只是大人习惯用现实的观点去框他，使这些不符合框架的孩子自卑，对自己没有自信，长此以往就不喜欢学习了。很多不会读书的孩子在其他地方有很大的长处，如果让他去发展他的长处，他可能会成为那个领域的佼佼者。

比尔·盖茨成名之后，他的父亲每次去菜市场买菜，都会有人问他说："你是怎么教小孩的，怎么教出这么杰出的孩子？"他的父亲说："我也不知道，我就像你们一样教育孩子。"别人以为他藏私，孩子成功了，却守着秘密不肯教，他被骂得狗血淋头。不得已，他写了一本书回顾他孩子成长的过程，他说他是西雅图的一个律师，平日很忙，但他尽量回家陪家人吃晚饭，参加孩子的活动。他说being there，就是在场出席，做孩子的后盾，支持孩子的课外活动。

他回想比尔·盖茨十二岁的时候，他带孩子去迪士尼乐园玩，孩子的祖母给了每个小孩20美元的零用钱，他注意到大女儿先去买了个小本子，把在迪士尼乐园花的每美分都详细记录下来。在回家的路上，她把小皮包里的钱倒出来数，然后把本子上花的钱加起来，用20美元去减，结果数字是完全密合的，他看了非常吃惊，就跟他太太讲，这个女儿长大以后一定是个会计师，果然她长大以后成为一个会计师，后来替比尔·盖茨管账。所以你只要观察，就可以看得到孩子的能力在哪里。

另外，家长的支持也很重要，不要孩子想做什么事情就泼冷水，说这个不能成功、那个不可能赚钱……作家、画家、艺术家都是饿死的，但是假如你孩子能写得出像《哈利·波特》这样的小说来的话，他可是比英国伊丽莎白女王还富有呢!

人生最幸福的就是做你喜欢做的事，有人付钱给你，还要求着你做。有一个人就是这样成为美国太空总署的第一个总工程师。

1957年，苏联发射第一颗人造卫星，当它飞过美国天空时，弗吉尼亚（Virginia）乡下有个孩子抬头看到了，就决定自己以后也要去发射火箭。但是在穷乡僻壤哪有人知道该怎么去造火箭呢? 他碰到一个好老师，老师去邮购买书，让他自己去研读。因为有兴趣，居然让他读懂了，他动手制造出了可以飞的火箭来。但是发射火箭需要燃料，如果燃料的力道不够，火箭射上去很快就掉下来了，所以他用零用钱买了一包黄色炸药，把炸药跟泥巴混在一起，想烤干后作燃料。但是什么地方可以最快把燃料烤干呢？他想起地下室有个热水炉，炉底下是热的，应该能比较快烤干。没想到，烤干以后，热度把炸药引爆了，把热水炉也炸掉了。热水炉很贵，他吓坏了，躲在外面不敢回家。但是天黑之后肚子很饿，最后还是硬着头皮回家，他以为一定会挨打，没有想到他妈妈跟他说："我早就跟你爸讲，我们要换这个热水炉，他都不听，现在他必须去买一个新的了。"母亲的支持使他敢放手去做。他在高中时参加州里举办的科展拿到第一名，凭着科展，拿到奖学金，进了弗吉尼亚的大学，进了大学以后，视野展开，他的人生就不一样了，成就了以后的他。

所以家长对孩子的支持非常重要，每个孩子都有天赋，我们要做的就是放手让他去做，支持他。任何领域不管多冷门，只要你是这个领域最顶尖的人，那你一定有饭吃。世界上只有一种成功，就是以自己喜欢的方式去过一生。了解到这一点，大家就知道该怎么做了。

第 33 章

恶作剧不可取

"己所不欲，勿施于人"，
不要把自己的快乐建立在别人的痛苦上。
教养孩子不捉弄人、
不随便开玩笑唯一的方法是，
多让孩子去体会各种被人捉弄的痛苦，
只有感同身受，才会杜绝这些
无厘头的无聊恶作剧。

美国朋友转发给我一则新闻：一名男子去上班时，看到上司放在他桌上的粉红单（pink slip，解雇通知单），他很惊讶，因为觉得自己并没有犯什么过错，怎么会被解雇？但因为疫情的关系，经济不景气，可能公司没有办法再雇用他，他便没有去问，只好自认倒霉，收拾收拾自己的东西回家去了。过了两个小时，上司打电话来问他："你怎么还没有来上班？"他才知道原来那天是4月1日愚人节，上司在跟他开玩笑。他大怒，人不能拿别人的生计开玩笑，这种玩笑真是太没有同理心了。想想那些上有老下有小、有房贷车贷学贷的人拿到pink slip时心中是如何地恐慌和焦虑？他越想越觉得上司这个玩笑太过分，便告到大老板那里去，结果大老板请他的上司走人，因为会开这种玩笑的人是没有情商、不知轻重的人，这种人不能做领导。

　　有很多类似这种没有品位的恶作剧，有些甚至造成受害人终生的遗憾，所以我们来谈谈如何教导孩子，不去捉弄别人，也不要被别人捉弄。

　　捉弄分开玩笑和恶作剧两种，从名词上就知道恶作剧更不可取，因为这个"恶"字就已经显现出它的不当了。我们最常看到的捉弄是躲在门背后，当别人进来时，跳出来，吓他一下。这个看起来好像无伤大雅，但是也出过人命。

我的朋友过年回老家时，因为人多，她和女儿被分配去跟太婆睡。大年初一的晚上，太婆喝了点酒，不胜酒力，便提前回房去睡觉。她哥哥的儿子躲在门后要去吓她的女儿，看到门开了，便从门背后跳出来吓人，没想到进来的不是她女儿，而是太婆，老人家吓一跳没站稳，倒下去，头碰到旁边的五斗柜就过世了。

其实被吓的感觉并不好受，心会狂跳，交感神经疯狂活跃，人会久久透不过气来。至于吓人的人，好像也没得到什么乐趣，因为别人不是被气哭，就是要打他，甚至暗暗记恨，君子报仇，十年不晚，所以何苦替自己结仇家？这种损人不利己的事，绝对应该少做。

"己所不欲，勿施于人"，不要把自己的快乐建立在别人的痛苦上，既然双方都没有什么快乐可言，它更是不值得做的，不要鼓励孩子去捉弄别人。

现在另有一种趋势，当一句话或一件事讲得、做得不好，别人生气时，就马上改口说"我是开玩笑的啦！"，借此规避自己不当言行的责任。这种人往往还大言不惭地说，某某人心胸不够大，开不起玩笑，好像是别人的错似的，这也是非常不可取的行为。

恶作剧又比开玩笑更坏上一层，这种实际动手的坏行为已经造成好几个悲剧了。例如，有个初中生，把一把剪刀竖立在前面同学的椅子上，上课时老师进来，班长喊："起立，敬礼，坐下！"同学一坐下来，剪刀刺入他的肛门。闯祸的同学吓得浑身发抖，说他不知道后果这么严重，但是这个无知的后果，害得受害者终生挂尿袋。另外，也有一个同学趁班长喊口令"起立，敬礼，坐下！"全班站起来时，拉开他前面同学的椅子，让那位同学一屁股坐在地上，折断腰椎，终生坐轮椅。还有同学在走廊上挥舞美工刀，一刀刺死经过的英文老师；更有无聊的同学将凳子从二楼丢下砸到人，将经过的同学一只眼睛砸瞎。这种例子不胜枚举，学生说只是开玩笑，但是这个后果是害得别人受一生的痛苦。要避免上述的悲剧，父母要教导孩子，凡是不该做的事都不要做，凡是不该讲的话，不要讲。

迪士尼的卡通电影《小鹿斑比》中，小兔子Thumper的妈妈对她说："If you have nothing good to say, don't say it."（如果开口没有好话，就不要开口。）也就是说，不说话，别人不知你的底，一开口，就泄了底了。因此，在人多的场合，尤其自己相较别人是年轻、职位低的新进者，最好多听少说。若要说话，在心中先打个底、先沙盘演练一下比较有效。因为演练可以活跃实际说话时同样的神经回路，心中多练习几遍，使那句的回路因反复活跃而联结得比较紧密，再开口说话就不会结结巴巴、吞吞吐吐、不够大方了。在说之前一定先确定对方的身份，不要触及别人的隐私或伤疤，所谓骂人不揭短，说话厚道些总是好的。

以前的人把说话刻薄、喜欢卖弄口舌的人叫"贫嘴"，一般人都不喜欢贫嘴的人。以前有人替我姐姐做媒，先前我妈妈都同意了，后来听说这个人贫嘴，我妈妈就立刻拒绝了这桩婚事，因为家中若有贫嘴的人，会闹得整个家族不安。可见大家对尖酸刻薄的说话方式有多反感。

不幸的是，现在的社会流行名嘴、网红谩骂来哗众取宠，使孩子也学会了嘲讽的说话方式，还沾沾自喜地说，我就是"语不惊人死不休"，其实这完全误用了杜甫的名句，这些名嘴不读书却教坏了孩子。

事实上，一个玩笑要开得好，真的不容易。你必须对对方的家世、生活习惯知道得很清楚，开的玩笑才会恰当。而知道得很清楚就表示两人交情匪浅。亚里士多德曾说过："好朋友是住在两个身体里的一个灵魂。"既然如此，开朋友玩笑等于是开自己玩笑，就没有这个必要了。

历史上，玩笑开得好，大概只有苏东坡和佛印。或许各位都知道"八风吹不动，一屁打过江"这个笑话，苏东坡在佛学上的修养当然是不及佛印的，但是在北宋因政治不清明，很多学者用禅来减轻心中的无奈与痛苦。苏东坡有一天写了一首诗"稽首天中天，毫光照大千，八风吹不动，端坐紫金莲"，写完很得意，派人送过江给在金山寺的佛印看。佛印看完在诗上写了两个大字"放屁"，请书童带回，苏东坡一看大怒，有道是文章是自己的好，立刻坐船过江找佛印理论。但是佛印知道他会来便立刻出游，避开跟他见面，苏东坡到此处时，只见大门深锁，门上贴了"八风吹不动，一屁打过江"。

照说批评人家的文字不可以刻薄，不过因为佛印是禅师，禅宗讲究的是当头棒喝，所以他写这个不雅的"放屁"才没有被人家骂。一般来说，这两个字不登大雅之堂，不可以用来批评别人的文字。总之，捉弄别人是不厚道的事，连在别人背上贴"我是傻瓜、我是猪"这种都不好。因为损人不利己，父母可请孩子静下心想一想，如果今天是自己被别人在背上贴字条，他是什么感觉？

同理心是目前教养孩子不捉弄人、不随便开玩笑唯一的方法，平日有机会时，请多让孩子去体会各种被人捉弄的痛苦，只有感同身受，才会杜绝这些无厘头的无聊恶作剧。

第 34 章

无畏挫折

父母在对孩子的学习表现皱眉时，
请记住孩子出社会
所要用到的知识可能还未出现，
他要从事的工作也可能还不存在，
不要因学业成绩去打击孩子的自尊和自信，
造成孩子对学习的恐惧。

人生不可能没有挫折，老子说："祸兮，福之所倚；福兮，祸之所伏。"人生不如意事，十之八九，人生的遭遇就像一条绳子，交织着幸与不幸、欢乐与痛苦。西谚说得好，一个有意义的生活一定是个有压力的生活（A meaningful life is a stressful life.），少年时不流的汗，到老的时候会变成泪流出。

挫折就是机会的另一面。所谓"塞翁失马，焉知非福"，对于挫折，父母首先要教孩子的便是掌握主控权的重要性。凡事争取主控，就不会受制于人，一个天天待在家里的人，固然没有任何挫折，但他也不会有任何成就。如果做与不做都是50%的概率，那么一定要"做"，因为一动，概率就改变了。所以教面对挫折就是教面对人生的正确态度，人生没有十全十美，痛苦是必然的，但是要不要受苦自己可以选择。

对于还没有出社会的孩子来说，他们面临的挫折大部分来自交友和学业。人是群居的动物，同样属于群居的"蝙蝠"——它们若被逐出团体就会死亡，所以朋友对我们来说是必要的。但是在交友上常常发生"将心比明月，明月照沟渠"的伤心情况，我们要告诉孩子，友情不可勉强，不可强迫或收买友谊。交友最伤心的事便是被背叛，被自己最信任的朋友出卖，但这是没有办法之事，因为人心会变。我们在第一章就谈到大脑会不停地因环境改变而改变，大脑改变了，人的态度自然也变了。孩子常常发现，在经过一个漫长的暑假，一个多月不见后，原来的好朋友现在不理他了，改与别人做好朋友了。这是因为朋友在暑假期间接触到不同的人，受到新朋友的影响，观念或行为改变了就渐行渐远，这是不可避免的事。清初的纳兰性德说："等闲变却故人心，却道故人心易变。"大脑的改变是必然的，友情的改变也就可以理解了。好在天下人那么多，合则来，不合则去，这本来就是我们交朋友的基本理念，不必难过。

但是要告诉孩子不要去攀交，也不要看不起不如你的人，因为时间会改变一切。童年看不起的同学，长大后可能是你孩子的校长。父母不可能陪伴孩子一辈子，因此不妨帮孩子交到一生的好朋友，减少他人生的挫折。下面就来谈一下如何靠正确的人生观，找志同道合的终生朋友。

我们告诉孩子，挫折是本分，顺利是福分，要以平常心接受变化，当他学会遇事不抱怨时，朋友就会多起来，贵人也会出现。自助、人助、天助是个千古不变的道理。

美国布什总统的国务卿赖斯（C.Rice）小时候家里很

穷，有一天她放学回家看到街上一些家具很眼熟，一看，原来是她妈妈没有钱交房租，被房东赶出来了。她当下大哭，说要辍学去打工赚钱，但母亲告诉她："没有房子住一样可以读书，但是不读书，一定没有房子住。"她发愤图强努力读书，自助后就会有人助，她申请到奖学金，从哈佛大学毕业，做到了美国第一个黑人国务卿。她母亲的观念正确，让她知道目前的挫折不算什么，因为她有远大的理想要去实现。

人在受到挫折时最需要的便是一盏明灯。当一个人心中有理想时，所有的辛苦和挫折都可以忍受。事实上，孔子很早就告诉我们，颜回"一箪食，一瓢饮，在陋巷，人不堪其忧，回也不改其乐"。因此对付挫折最好的解决方法，就是有一个可以达到的理想目标。成就感必须是自己脚踏实地去努力赚来的，别人再怎么夸你，如果你名不副实，你心里也会不踏实。

至于功课带给孩子的挫折，这解药就完全在父母身上，只要父母不在乎成绩，功课对孩子就不是压力，没有压力也就没有挫折。皮之不存，毛将附焉？

父母如何看破成绩的魔咒呢？第一，认清考试只是评量的一种方式，不是唯一的，更不是最好的方式，很多真正值得在乎的东西是考不出来的，相信出社会的父母一定很清楚这一点。台大女生宿舍发生的一起事件就是一个例子。有两个台大的女生因生活习惯不合，甲女把室友锁在门外，敲门不应时，乙女只好去找舍监拿钥匙开门，但乙女去还钥匙时，甲女又把她锁在门外，甲女于是被乙女告上了法庭。法院判甲女赔乙女两万多元，因为台大是目前台湾较好的大学之一，因此这两人闹上公堂的新闻让很多父母震惊，也了解了成绩不代表成功，能跟别人好好相处才是重要的。相信如此自私和幼稚的大学生是没人敢雇用的。

父母在对孩子的学习表现皱眉时，请记住孩子出社会所要用到的知识可能还未出现，他要从事的工作也可能还不存在，不要因学业成绩去打击孩子的自尊和自信。父母千万不要成为孩子挫败感的来源，因自己的错误观念而造成孩子学习的不快乐。

美国纽约州立大学布法罗分校的长期追踪研究发现，如果是中度的挫折，其实对人来讲是最好的。中度挫折会给你带来动力，使你把自己变得更好。人生有一些创伤、有一些不顺利，其实对这个人是好的。很多年以后实验者再去问这些当初参加调查的人，问他们："你最近有没有碰到什么让你感到焦虑、不愉快、有压力的事情？"结果发现那些曾经受过压力的人，对于新产生的压力反应并没那么强烈。而那些很少有不愉快经验的人，碰到压力后，很容易落入抑郁症的深渊。所以他的结论是：不好的事情其实对人是有保护作用的，这个对人的保护作用超越种族，而且不管年龄，都是一样的；跟你的教育、收入、做什么工作、结婚没有都没有关系。也就是说，你生活里面最困难的事情，常常是使你变得更强、更好的一个机会。尼采说："那个杀不死我的，使我变得更坚强。"就是这个意思。有过不好经验的人，更能够忍受别人不能忍受的苦。

欧美教育机构和工作人员曾提出了 6 个 C[1]，即 Collaboration（合作）、Communication（沟通）、Creativity（创新）、Critical Thinking（批判性思考）、Character

---

1 21 世纪初，经济合作与发展组织（OECD）提出了 21 世纪人才特征的 4C 素质，包括 Creativity（创新）、Communication（沟通）、Collaboration（合作）和 Critical thinking（批判性思维），以取代过往以学科为本、成绩分数为上的学习及评估制度。
2015 年，加拿大教育学家迈克尔·富兰（Michael Fullan）把经济合作与发展组织提出的 4C 加上 Character（品格）和 Citizenship（公民身份）变成了 6C。他所提倡的品格主要包括坚持不懈（Perseverance）、毅力（Grit）、抗逆力（Resilience）和韧力（Tenacity）等。至于公民身份则包括国际知识，了解不同的文化，希望互相尊重，求同存异。

（品格）和Citizenship（公民身份）。其中孩子通过沟通和合作进行学习，才能做出批判性思考，有了批判性思考才知道对与错、提出革新，有这些能力的孩子就会有形成良好的品格，通过自己努力赚来的声誉形成真正的身份认同。

第 35 章

典范的价值

少年没有世俗的包袱，
又是生命的旺点，
所谓初生牛犊不怕虎，
他们无所畏惧，
敢去追求理想。
如果这时能给予他们良好的立志读物，
启发他们的生命斗志，
他们会勇往直前改变世界。

教养的目的在于培养孩子健全的人格，但是人格很抽象，父母常不知从何处着手，孩子也不知道究竟什么才是完美的人格。我在一所以完人教育为宗旨的大学教书，每每问起学生什么叫"完人"时，学生都不太能说明，都是说，就是大礼堂两边贴的那个"养天地正气，法古今完人"的完人，也难怪他们说不清，因为的确太抽象了。因此，最好的方法便是提供给孩子典范，用实际的例子让孩子去模仿。

典范有两种，一种是生活中的典范，那多半是父母长辈日常生活中的所作所为，孩子看在眼里自然就会做出来，这也是为什么每个孩子身上都有父母的影子。"家风"就是这家人做事的方式，从长辈一代一代传下来，就形成了家风。父母千万不可忽略自己对孩子的影响，"孩子不会按照父母想象的样子长大，而是会按照父母本身的样子长大"。家庭是孩子第一个学习的场所，父母是孩子最初的老师，父母就是孩子的第一个典范。

另一种典范来自书本，通过阅读先圣先贤的事迹，让孩子了解。比如说：文天祥、岳飞为什么会名垂青史，秦桧、汪精卫为什么又会遗臭万年。一本好的书或一篇好的文章，对心智纯净的孩子的影响是超越我们想象的。我们小学时候的语文课本中有一课叫《武训兴学》，课文一开头说"莫叹苦，莫愁贫，有志竟成语非假，铁杵磨成绣花针，古今多少奇男子，谁似山东堂邑姓武人! 武先生，单名叫做训，兄弟早死，父母已不存。饥寒交迫难度日，沿门托钵受苦辛。武先生，做乞丐，有深心。他见邑人知识浅，少年失学是原因"。我会写这一段出来是因为在毕业六十年的小学同学会上，当一位同学一时兴起，上台念了上面那几句时，全班都接着背出来，表示大家都还记得这篇课文，这着实令人惊讶。交谈之下发现，我们这一班从事教育或捐钱做教育的，很多竟然都是受了小时候念了这篇文章的影响。

回想起来，这篇课文带给我的第一个影响，就是原来铁杵可以磨成绣花针，原来只要锲而不舍就会成功。课文说武训靠乞讨创立了三所学校，教育了一千多名山东的苦孩子，他的那句"但愿养我志，何须养我身"也令我们非常感动，因此大家立志去做教育。

典范的影响是无形的。马来西亚各地的独立中学都是华侨捐建的，因为福建的孩子能念书受教育，很多是受惠于南洋的富商陈嘉庚，他建立了集美中学和厦门大学，陈嘉庚的榜样力量，使南洋华侨多年来持续捐款，支持建立独立中学，保存海外的中华文化。典范会内化孩子的品德，成为他行为的准则。

虽然很多典范是教孩子用功读书，但典范的作用绝不止于此，典范最大的作用，还是在鼓励孩子有远大的抱负和理想，一个人若没有抱负就无法将知识发挥到极致。

典范不一定只限于伟人，市井小民也可成为典范。在野柳舍身救人的林添祯就是我心中的典范。我念初中时，父亲要求我们念《古文观止》。那时学校的功课负担已经很重了，母亲便替我们向父亲讲情说这些高中联考不考的东西可不可以先缓一下再读。父亲一口拒绝，他说汪精卫难道学问不好？为什么他做了大汉奸？胡兰成不也是才子一个吗？为什么会卖国求荣？学校的理化、代数不重要，重要的是有正确的国家民族观念。不做汉奸和卖国贼，跟数学、英文考一百分，你说哪一个重要？父亲特别要求我们背的是一篇叫《五人墓》的文章，明朝宦官魏忠贤把反对他的人赶尽杀绝，当时为了一个暴动事件，魏忠贤的党羽要屠城，这五人为救全城性命，慷慨就义。父亲说这五个人是市井之徒，升斗小民，历史上绝对不会留下他们的名字，但因为这个事件，他们名留千古。

榜样不一定是大官名臣，但一定是有节操之人，这种节操很难教，但从读好书中，自然就可潜移默化而形成，这就是文天祥所谓的"读圣贤书，所为何事？"，一个读书人必须有骨气，不然书就白读了。

孩子小的时候人格尚未定型，心思纯净，最容易被教化，所以孩子小时候读的书很重要。普利策奖得主詹姆斯·米切纳（James Michiner）曾说："一个国家的未来，取决于它的人民在少年时所读的书，这些书会内化成他对国家民族的认同、人生的目的和生命的意义。"少年没有世俗的包袱，又是生命的旺点，所谓初生牛犊不怕虎，他们无所畏惧，敢去追求理想。如果这时能给予他们良好的立志读物，启发他们的生命斗志，他们会勇往直前改变世界。

年轻的孩子需要引导，需要榜样。典范就是一个成就目标，好像我们爬山，朝着山顶的目标前进就不会被岔路所迷惑，最后登顶完成目标，典范让我们立志，产生了"有为者亦若是"的雄心。

有个七岁的小男孩在庙口看关公戏时，太过兴奋从树上掉下来，摔断了手，去接骨时，他很勇敢地说不怕痛，护士问他为什么不怕痛？他答："关公刮骨疗伤都不痛，我这一点算什么？"他母亲说，他以前打针很怕痛，呼天抢地，要四个人抓住他，但是自从看了关公戏，立志做关公后，叫他做什么都勇敢地去做了。

有一本好书《最伟大的一代》（*The Greatest Generation*），我每次看都深受感动，里面讲一个个平凡的孩子在战争来临时，能奋不顾身地为国家、为理想走上战场，舍生取义。有一个诺曼底登陆幸存的老兵在记者访问时说他中学时读历史，读到1863年葛底斯堡（Gettysburg）战役中，张伯伦（Chamberland）上校的勇敢事迹。他一心想效法张伯伦，所以他在枪林弹雨中，勇敢地完成了使命。

张伯伦是缅因州的一个神学老师，他精通希腊文，受到希腊古典文学的影响，对是非和责任感有很明确的概念。在战役中，他死守一个小山丘，当弹尽援绝时，他下令上刺刀，冲下山去做肉搏战。他们的勇敢震撼了南军，以为他们后面必有援军，才会这样不要命。南军的怯战改变了南北战争的局势，使北军赢得了最后的胜利。假如张伯伦没有熟读希腊古典文学，心中没有知识分子应有的责任与担当，他不可能有这种勇气。一个读书人敢率兵冲下山去做肉搏战，他的刺刀刺入南军时，他也被南军的子弹打伤，这是何等的勇气？这个典范给了"二战"时那些士兵楷模，使他们在危机到临时，毫不犹疑地去做出他们认为应该做的事。

典范的价值就在这里，我们需要给我们的孩子"仰不愧于天，俯不怍于人"的典范，成就他们的完人人格。

第 36 章

知足与感恩

——在生活中寻找快乐

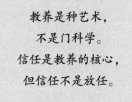

教养是种艺术，
不是门科学。
信任是教养的核心，
但信任不是放任。

有感于时代变化太快，父母每天要面临新的工作要求，加上生计的压力，使得无暇照顾孩子，但孩子除了功课，还有心灵上的需求。同时父母又面临AI（人工智能）时代对孩子未来就业的威胁，担心自己教养方式不对，错过了教养的黄金期，影响孩子以后的发展，因而产生内疚。这种内疚使父母在碰到教养的问题时容易妥协。因为没有坚持原则，所以孩子变得很难教，同时父母的过度焦虑也影响了孩子的情绪与健康。所以我写这本书希望父母了解孩子大脑的发育过程，哪些是需要注意的；哪些是不必太担心可以忽略的；哪些是时间到了，大脑发育完成会水到渠成的。

总结本书章节重点：大脑是不停地随着环境需求而改变内在神经元的联结，大脑会随环境改变而改变，没有"三岁定终身"，更没有"输在起跑点上"这回事。孩子有一生的时间来学习他所需要用到的知识，但是品格的培养却是从小需要注意的。父母不必急着教他认字、数数、做心算，幼儿园时期应该尽量游戏玩耍，因为这会帮助他大脑神经元的联结，更何况孩子离开学校之后，所要用到的知识还没可能还未出现，未来的工作形态谁也说不准，孩子只要有学习新知的能力和热忱，父母就不必担心。

英国有句谚语："父母对孩子的态度决定他的命运。"孩子刚出生时，我们的初衷是只希望他四肢健全，能够平安长大。但是这个初衷在他进入幼儿园后便忘记了，我们开始将他和别人比，开始问为什么别人会爬了，我的孩子还不会呀？为什么别人……一旦父母开始攀比，孩子就不快乐了。

《亲子天下》杂志曾经做过一个调查，发现初中生"最希望的是不要补习，父母能留在家里陪他"，"最痛恨别人家的孩子"，因为父母不停地把他和别人攀比。俗语说"人比人，气死人"。父母一开始攀比后就对自己的孩子感到不满，就开始嫌弃他，说话的口气就越来越不好，一开口就要骂，这会使得孩子见到父母就想躲避。

亲子沟通的通道一旦关闭，当孩子变得不再跟父母说话，免得"讨骂"时，这个孩子就是在行为偏差的边缘了，因为他碰到挫折无人可倾诉，也无人可以指引，这会使小事变大事。家中缺乏温暖使他不愿回家，最后加入帮派，因为那里有大哥小弟的温暖。

我们前面章节的重点放在婴幼儿时期父母的照顾与教养上，然后再讨论上学后，孩子在学校所碰到的学习和人际关系方面的问题，当然做功课时间的分配、睡眠跟学习的关系、怎样可以增加孩子的创造力，也是我们着力的重点。

孩子在成长的过程中一定会碰到各种各样的挫折，虽然我们无法全部讲到，但是不论什么挫折，父母的支持永远是最重要的。所以我们有几个章节讨论如果孩子在学校被同学霸凌了，做父母的该怎么办？我们要先拿出同理心来安慰他，再教他如何应付那些找麻烦的人，不得已时，甚至得出面帮他解决。

这时期孩子最需要的就是家庭和父母的支持。其实，所有的孩子最渴望的都是父母的肯定和支持。我们会发现，当别人在父母面前称赞孩子时，孩子的眼睛都会发光，因为他为父母带来了荣耀。古代人考上了进士，做了官都要回乡祭祖。"光耀门楣是孝顺父母最好的方法"这个观念一直到现在都还有。孩子拿到博士，母亲就是模范母亲，了解到这一点，请替你的孩子留面子，而且尽量让他感到你以他为荣。

教养是门艺术，不是门科学，所以它没有一定的方法。

每个家庭不同，每个孩子的性情也不同，唯一的准则就是看到孩子的长处，忽略他的短处。你对他的信任会使他不敢令你失望，而是循规蹈矩地读书、做事。信任是教养的核心，但信任不是放任，这点千万不可弄错。

我们教养孩子，是希望他健健康康平安长大，成为社会的栋梁。

孩子从事哪一方面工作都没关系，只要是他喜欢的、有兴趣的就好。因为人生最美满的事，就是做自己喜欢的事，有人付钱请你做，还要求着你做，这时，不论他从事哪个冷门工作，他都会有饭吃而且活得快乐。

过去教养着重在知识和品性，在21世纪还讲究素养，素养跟文化很有关系，所谓"三流企业卖产品，二流企业卖品牌，一流企业卖文化"。文化的重要性不止在孩子的素养，现在连企业都讲究文化，一个企业的成功不只是品牌，还有企业的文化，这个文化其实是凝聚团队的核心力量。而每个家庭也有所谓的家庭的文化，孩子很小时就会说："咦，你家这样做吗？我妈不是耶，我家是那样做的。"这就是家庭的文化，父母要替孩子打造一种家庭文化，这会使他走到哪里都不会忘记家。

父母给孩子最好的礼物是夫妻恩爱，因为只有在和谐家庭长大的孩子，他情绪的发展才会正常。而只有情绪稳定、合群助人、个性好的人才能更好地适应社会。有一个研究发现：美国法学院学生毕业后，50%做律师；工学院学生毕业后，65%做工程师；只有医学院学生100%做医生。但是零售、银行、保险、会计、投资等行业所用的人，不是看专业，而是看这个人的品行。大学教的东西在职场上没几个月就用完了，公司需要的不只是技术，更重要的是诚信、敏锐、敬业，是人品，这是教养最终的目的。

2000年诺贝尔经济奖得主詹姆斯·赫克曼（James Heckman）在1970年时做了一个大型的研究，把那一年四月在英国某城出生的1700名婴儿，一路追踪他们到三十八岁，看影响他们一生快乐和生活满意度最高的因素是什么？结果发现不是我们以为的智商、学业成绩，而是conscientiousness，这个词没有恰当的中文翻译，但它包括：自我控制、品德以及毅力。

的确，自我的情绪控制、高尚的品德和坚强不屈的毅力是成功的必要条件。父母了解决定孩子事业成功和一生快乐的三个必要条件后，就可以从这三个方向去教养孩子，使他们成为对国家尽忠、对父母尽孝、对社会尽责任的好公民。

图书在版编目（CIP）数据

大脑科学教养法 / 洪兰著. -- 北京 ： 北京联合出
版公司，2024.8. -- ISBN 978-7-5596-7669-6

I. G782

中国国家版本馆CIP数据核字第2024GB0425号

北京市版权局著作权合同登记　图字：01-2024-4020

大脑科学教养法

作　　者：洪　兰
出 品 人：赵红仕
责任编辑：周　杨
封面设计：郑力珲
- -
北京联合出版公司出版
（北京市西城区德外大街83号楼9层　100088）
北京联合天畅文化传播公司发行
北京美图印务有限公司印刷　新华书店经销
字数158千字　787毫米×1092毫米　1/32　9.875印张
2024年8月第1版　2024年8月第1次印刷
ISBN 978-7-5596-7669-6
定价：52.00元